PONS

Grammatik kurz & bündig
SCHWEDISCH

Einfach, verständlich, übersichtlich

von
Maria Bonner

Ernst Klett Sprachen GmbH
Barcelona • Belgrad • Budapest • Ljubljana • London • Posen
Prag • Sofia • Stuttgart • Zagreb

PONS
Grammatik kurz & bündig
SCHWEDISCH

Einfach, verständlich, übersichtlich

von
Maria Bonner

Der Inhalt dieses Produktes basiert auf ISBN: 3-12-527940-2

Dieses Werk folgt der neuen amtlichen Regelung der deutschen Rechtschreibung, die am 1. August 2006 in Kraft trat.

Auflage A1 6 5 4 3 2 / 2009 2009 2008 2007

Redaktion: Dr. Elisabeth Görg
Logoentwurf: Erwin Poell, Heidelberg
Logoüberarbeitung: Sabine Redlin, Ludwigsburg
Einbandgestaltung: Schmidt & Dupont
Layout: Ulrike Eisenbraun, Metzingen
Satz: Satz und mehr, Besigheim
Druck: Wacker Offsetdruck GmbH
Printed in Germany.
ISBN: 978-3-12-561332-4

Inhaltsverzeichnis

Einleitung

Schwedisch ist die offizielle Sprache Schwedens. Auch in Finnland, wo Schwedisch neben dem Finnischen Amtssprache ist, sprechen zirka 300 000 Menschen von Haus aus Schwedisch. Insgesamt gut acht Millionen Menschen haben Schwedisch als Muttersprache.

Wie die übrigen nordischen Sprachen (Dänisch, Färöisch, Isländisch, Norwegisch) ist Schwedisch eine germanische Sprache und als solche mit dem Deutschen und dem Englischen verwandt. Das lässt sich leicht an einigen Beispielen sehen, auch wenn die Wörter verschieden geschrieben und ausgesprochen werden.

dt.	*Haus*	*Schwester*	*leben*	*sauer*
engl.	house	sister	live	sour
schwed.	hus	syster	leva	sur

Die festlandskandinavischen Sprachen sind untereinander ziemlich eng verwandt. Wenn man Dänisch, Norwegisch oder Schwedisch gelernt hat, so kann man die jeweils andere dieser drei Sprachen zumindest teilweise recht gut lesen und verstehen. Natürlich erfordert das etwas Übung. Wenn hier von Schwedisch die Rede ist, so ist damit die geschriebene Sprache gemeint oder die gesprochene Hochsprache (rikssprået), die im Wesentlichen große Übereinstimmungen mit der geschriebenen Sprache zeigt. Sie basiert auf den Dialekten in Mittelschweden, d.h. den Gebieten nördlich, westlich und südlich des Seengebiets um Stockholm *(Mälaren)*.

Von den schwedischen Dialekten sollen hier zwei Varianten mit großer Sprecherzahl besonders erwähnt werden, nämlich das Südschwedische und das Finnlandschwedische. Ihre auffallendsten Kennzeichen seien hier vorweg kurz genannt. In den Abschnitten über Aussprache und Schrift wird noch ein wenig näher auf Einzelheiten hingewiesen.

Das Südschwedische mit seinem Zentrum in der Landschaft Skåne *(Schonen)* kennt das sonst im Schwedischen vorkommende Zungenspitzen-r nicht, sondern nur ein hinteres Zäpfchen-r, wie es auch von vielen Deutschen gesprochen wird. Wenn Südschweden die Hochsprache sprechen, verwenden sie meist ihr hinteres r. Das Südschwedische hat außerdem häufig Diphthonge, wo das Schwedische einfache Vokale hat. Auch der Tonfall unterscheidet sich, die Melodiebewegungen in der Sprache sind geringer, in Südschweden singt man weniger als in der Hochsprache.

Das Finnlandschwedische (an der Süd- und Westküste Finnlands und auf den Ålandinseln) kennt den Unterschied zwischen Akzent 1 und Akzent 2 nicht (▶ Seite 11 ff.). Wörter wie tanken [ˈtaŋkən] *(der Gedanke)* und [ˈtaŋkən] *(der Tank)* werden gleich ausgesprochen. Die Melodiebewegungen sind geringer. Für Deutsche klingt es daher gleichförmiger als die schwedische Hochsprache. Einige Besonderheiten der finnlandschwedischen Aussprache werden im Abschnitt über Schrift und Laute erwähnt.

Darüber hinaus bedeuten manche Wörter im Finnlandschwedischen etwas Anderes als im (Schweden-)Schwedischen, z. B. batteri (schw. Batterie, finnl.-schw. Heizelement); und es gibt auch aus dem Finnischen entlehnte speziell finnlandschwedische Wörter, z. B. kiva für *gut* (schw. bra).

1 Schrift und Aussprache

Die Vokale

Vokale (Selbstlaute) sind Laute, bei deren Bildung die Luft ungehindert ausströmen kann. Man unterscheidet Vokale nach der Lage des höchsten Punktes des Zungenrückens im Mund und der Stellung der Lippen. Der Zungenrücken kann mehr oder weniger gehoben sein, danach teilt man Vokale in verschiedene Öffnungsgrade ein. [iː] wie in dt. *Miete* oder schw. polis *(Polizei)* ist ein geschlossener Laut, [a] wie in dt. *hat* oder schw. katt *(Katze)* ist ein offener Laut. Der höchste Punkt des Zungenrückens kann vorne im Mund sein oder hinten. Je nachdem spricht man von vorderen oder hinteren Vokalen, [iː] ist ein vorderer Vokal, [uː] wie in dt. *Hut* oder schw. mod *(Mut)* ist ein hinterer Vokal. Die Lippen können bei der Aussprache von Vokalen ungerundet oder gerundet sein. [iː] ist ein ungerundeter Vokal, [yː] wie in dt. *müde* oder schw. hyra *(mieten)* ist ein gerundeter Vokal. [ʉː] in schw. gud *(Gott)* ist ebenfalls ein gerundeter Vokal. Die Lippen sind ähnlich gerundet wie bei [yː], zusätzlich werden sie aber noch ein wenig nach innen gezogen, etwa so, als wolle man einen Bleistift zwischen den Lippen festhalten. Im Schwedischen bezeichnet man das als inrundat *(nach innen gerundet)*. Im Deutschen gibt es nichts direkt Vergleichbares.

Die Lage der Vokale im Mund lässt sich in einem Viereck darstellen. Dieses Viereck zeigt den höchsten Punkt des Zungenrückens im Mund bei der Aussprache des jeweiligen Vokals. Je geschlossener die Vokale sind, umso weiter oben stehen sie im Vokalviereck, je offener sie sind, umso weiter unten stehen sie. Vordere Vokale stehen links, hintere Vokale stehen rechts.

Das Vokalviereck

ungerundet
[i e ɛ æ a ə]

gerundet
[y ø œ ʉ ɵ u o ɔ ɑ]

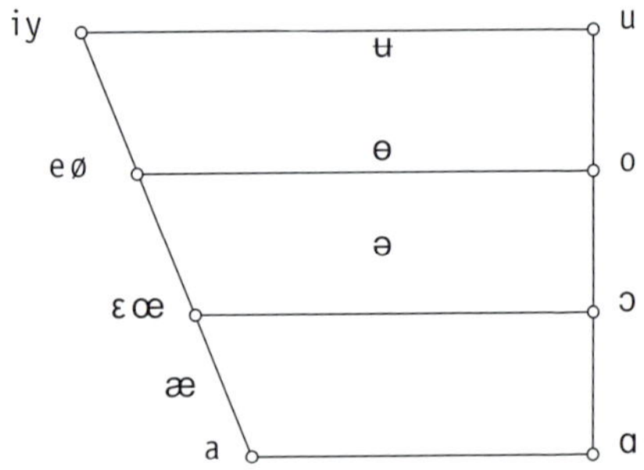

Die Vokale des Schwedischen

ˈ	vor einer Silbe bedeutet, dass die nachfolgende Silbe den Druckakzent oder den zweiten Teil des musikalischen Akzents erhält (▶ S. **11** ff.)		
ˇ	vor einer Silbe bedeutet, dass die nachfolgenden Silben den musikalischen Akzent erhalten (▶ S. **11** ff.)		
:	bedeutet, dass der vorausgehende Laut lang zu sprechen ist		
[iː]	langes sehr geschlossenes i, etwas geschlossener als in dt. *Miete*	polis	[poˈliːs]
[i]	kurzes geschlossenes i, etwas geschlossener als in dt. *Mitte*	inte	[ˇintə]
[eː]	langes geschlossenes e, wie in dt. *Beet*	ensam	[ˇeːnsam]
[e]	kurzes geschlossenes e, etwa wie in engl. *bed* (dieser Laut wird von vielen als [ɛ] gesprochen)	enda	[ˇenda]
[ɛː]	langes offenes e, wie in dt. *Räte*	läder	[ˈlɛːdər]
[ɛ]	kurzes offenes e, wie in dt. *rette*	hellre	[ˈhɛlrə]
[æː]	langes sehr offenes e, kommt nur vor r und selten vor j vor	här	[hæːr]
[æ]	kurzes sehr offenes e, kommt nur vor r und selten vor j vor	herre	[ˇhærə]
[ɑː]	langes hinteres gerundetes a, ähnlich wie in engl. *father*	mat	[mɑːt]
[a]	kurzes vorderes a, etwa wie in dt. *hat*	katt	[kat]
[yː]	langes geschlossenes ü, etwa wie in dt. *Hüte*	hyra	[ˇhyːra]
[y]	kurzes ü, etwa wie in dt. *Hütte*	hydda	[ˇhydːa]
[øː]	langes geschlossenes ö, etwa wie in dt. *böse*	löv	[løːv]
[ø]	kurzes geschlossenes ö	mjölk	[mjølk]
[œː]	langes offenes ö, wie in frz. *sœur*, kommt nur vor r vor	göra	[ˇjœːra]
[œ]	kurzes offenes ö, wie in dt. *Röcke*, kommt nur vor r vor	mörk	[mœrk]
[ʉː]	langer geschlossener ü-Laut, ähnlich wie im Dt. jedoch mit leicht nach innen gezogenen Lippen	gud	[gʉːd]

[ɵ]	der vorhergehende Laut kurz, ähnlich wie in frz. ***le***	guld	[gɵld]
[ə]	Murmelvokal wie in dt. *bitt**e***, immer unbetont	kaffe	[ˇkaf:ə]
[u:]	langes geschlossenes u, etwa wie in dt. *M**u**t*	mode	[ˈmu:də]
[u]	kurzes geschlossenes u, etwas geschlossener als in dt. *M**u**tter*	kort	[kuʈ]
[o:]	langes geschlossenes o, wie in dt. ***O**fen*	gård	[go:ɖ]
[ɔ]	kurzes offenes o, etwas geschlossener als dt. *h**o**ffen*	gång	[gɔŋ]

Die Konsonanten

Konsonanten (Mitlaute) heißen solche Laute, bei deren Bildung die ausströmende Luft eingeengt oder gestoppt wird. Man unterscheidet die Konsonanten nach der Art wie sie gebildet werden. Plosive oder Verschlusslaute sind solche Laute, bei denen das Ausströmen der Luft unterbrochen wird. Im Schwedischen gibt es folgende Verschlusslaute:

stimmlos [p t ʈ k]
stimmhaft [b d ɖ g]

Nasale oder Nasenlaute sind solche Laute, bei denen die Luft durch die Nase entweicht. Im Schwedischen gibt es folgende Nasenlaute:

[m n ɳ ŋ]

Laterale oder Seitenlaute sind solche Laute, bei denen die Luft auf einer Seite oder auf beiden Seiten der Zunge entweicht, im Schwedischen gibt es folgende Seitenlaute:

[l ɭ]

Vibranten oder Schwinglaute sind solche Laute, bei denen das Zäpfchen oder die Zungenspitze hin- und herschwingt. Im Schwedischen gibt es folgenden Schwinglaut:

[r]

Frikative oder Reibelaute sind solche Laute, bei denen die ausströmende Luft eingeengt wird. Im Schwedischen gibt es folgende Reibelaute:

stimmlos [f s ʃ ʂ ç h]
stimmhaft [v j]

Die Konsonanten des Schwedischen

[p]	stimmloses p wie in dt. ***Pol***	pengar	[ˇpɛŋːar]
[b]	stimmhaftes b (auch am Wortende!) wie in dt. ***B**ohne*	backe	[ˇbakːə]
[t]	stimmloses t wie in dt. ***T**al*	tid	[tiːd]
[d]	stimmhaftes d (auch am Wortende!) wie in dt. ***D**elle*	dam	[dɑːm]
[ʈ]	stimmloses t mit zurückgebogener Zungenspitze, in Südschweden stattdessen Zäpfchen-r + [t], in Finnland Zungenspitzen-r + [t]	ort	[uʈ]
[ɖ]	stimmhaftes d mit zurückgebogener Zungenspitze, in Südschweden stattdessen Zäpfchen-r + [d], in Finnland Zungenspitzen-r + [d]	gård	[goːɖ]
[k]	stimmloses k wie in dt. ***K**ahn*	kall	[kalː]
[g]	stimmhaftes g (auch am Wortende!) wie in dt. ***G**ans*	gata	[ˇgɑːta]
[m]	wie in dt. ***m**it*	mat	[mɑːt]
[n]	wie in dt. ***N**ase*	näsa	[ˈnɛːsa]
[ɳ]	n-Laut mit zurückgebogener Zungenspitze, in Südschweden stattdessen Zäpfchen-r + [n], in Finnland Zungenspitzen-r + [n]	barn	[bɑːɳ]
[ŋ]	ng-Laut wie in dt. *la**ng***	lång	[lɔŋ]
[l]	l-Laut wie in dt. ***L**uft*	löv	[løːv]
[ɭ]	l-Laut mit zurückgebogener Zungenspitze, in Südschweden stattdessen Zäpfchen-r + [l], in Finnland Zungenspitzen-r + [l]	pärla	[ˇpæːɭa]
[r]	gerolltes Zungenspitzen-r, in Südschweden statt des Zäpfchen-r (r + t, d, n, l, s ▶ S. 24f.)	göra	[ˇjøːra]
[f]	stimmloses f wie in dt. ***f**allen*	far	[fɑːr]
[v]	stimmhaftes v (auch am Wortende!) wie in dt. ***W**asser, **V**ase*	vecka	[ˇvekːa]
[s]	stimmloses ß wie in dt. *rei**ß**en, la**ss**en*	sak	[sɑːk]
[ʂ]	s-Laut mit zurückgebogener Zungenspitze, in Südschweden stattdessen Zäpfchen-r + [s], in Finnland Zungenspitzen-r + [ʃ]	person	[pæˈʂuːn]

[ʃ]	sch-Laut wie in dt. *Tisch*, die Lippen jedoch nicht gerundet; in einem großen Teil Schwedens wird stattdessen [ɧ] gesprochen (gleichzeitiger sch-Laut und ach-Laut)	variation	[variaˈʃuːn]
[ç]	ich-Laut wie in dt. *Licht*, in manchen Teilen Schwedens als [tç] gesprochen, in Finnland immer so	kedja	[ˇçeːdja]
[j]	j-Laut wie in dt. *jede*	gärna	[ˇjæːɳa]
[h]	h-Laut wie in dt. *Halle*	hals	[hals]

Silbenstruktur

Die schwedische Silbenstruktur unterscheidet sich in einem wesentlichen Punkt von der deutschen. Nach einem betonten kurzen Vokal kann im Schwedischen nur ein langer Konsonant oder mehrere Konsonanten stehen. Lange Konsonanten gibt es in der deutschen Standardaussprache allenfalls in Zusammensetzungen. Ein Vergleich der möglichen Silbentypen in beiden Sprachen zeigt die Unterschiede. Dabei bedeuten:

V kurzer betonter Vokal
V: langer betonter Vokal
K kurzer Konsonant
K: langer Konsonant
KK zwei (und mehrere) verschiedene Konsonanten
... an dieser Stelle kann etwas vorausgehen oder folgen

Übersicht über mögliche Silbentypen im Schwedischen und Deutschen

Typ	schwed.	dt.
...VK...	nicht möglich	[hat] *hat*
...VK:...	[hat:] hatt *(Hut)*	in einfachen Wörtern nicht möglich, kann nur in Zusammensetzungen entstehen, z.B. [ˈap:ɛlən] *abpellen*
...VKK...	[hast] hast *(Hast)*	[hast] *Hast*
...V:K....	[bi:t] bit *(Bissen)*	[gəˈbi:t] *Gebiet*
...V:K:...	[mu:t:ɑ:] motta(ga) *(entgegennehmen)* nur in zusammengesetzten Wörtern, mot + taga	[ˈblu:t:a:t] *Bluttat* nur in zusammengesetzten Wörtern
...V:KK...	[fi:nt] fint *(fein)* nur in Verbindung mit Endungen, z. B. fin + -t als Neutrumendung	[vy:st] *wüst* [vo:nt] *wohnt* im Dt. auch in einfachen Wörtern möglich

Um einen deutschen Akzent zu vermeiden, muss man im Schwedischen bei Wörtern mit kurzem Vokal besonders darauf achten, danach einen deutlich langen Konsonanten auszusprechen. Da ein Konsonant nach kurzem Vokal immer lang sein muss, wird in den meisten Umschriften die Länge des Konsonanten nicht bezeichnet. Im Folgenden wird die Länge einfacher Konsonanten angegeben. Folgen auf einen kurzen Vokal zwei Konsonanten in derselben Silbe, so ist gewöhnlich der erste Konsonant auch etwas länger als der zweite. Dies wird hier nicht eigens angegeben.

Betonung

Das Schwedische unterscheidet zwischen dem Druckakzent (auch Akzent 1 genannt) und dem musikalischen Akzent (auch Akzent 2 genannt). Der Druckakzent entspricht der Betonung im Deutschen, den musikalischen Akzent gibt es im Standarddeutschen nicht. Der Druckakzent wird in der Transkription durch ein ˈ vor der zu betonenden Silbe wiedergegeben:

vatten	[ˈvat:ən]	*Wasser*
potatis	[puˈtɑ:tis]	*Kartoffel*

Der musikalische Akzent ist ein zusammengesetzter Akzent mit fallendem Ton auf der Silbe mit Hauptbetonung und höher fallendem Ton auf der folgenden oder einer späteren Silbe. Zusammengesetzte Wörter haben einen dem musikalischen Akzent vergleichbaren Akzent. Dort liegt der erste Teil des musikalischen Akzents, die Hauptbetonung, auf derjenigen Silbe im ersten Teil der Zusammensetzung, die auch im nicht zusammengesetzten Wort die Hauptbetonung trägt. Der zweite Teil des Akzents liegt im zweiten Teil der Zusammensetzung auf derjenigen Silbe, die im nicht zusammengesetzten Wort betont wäre. Einsilbige Wörter können keinen musikalischen Akzent erhalten. Der musikalische Akzent wird in der Transkription mit ˇ vor der hauptbetonten Silbe wiedergegeben. Fällt, besonders in zusammengesetzten Wörtern, die Nebenbetonung nicht auf die unmittelbar folgende Silbe, so wird die nebenbetonte Silbe durch ˈ gekennzeichnet:

öre	[œ:rə]	*Öre*
vykort	[ˇvy:kuʈ:]	*Ansichtskarte*
uppehåll	[ˇɵp:əˈhɔl:]	*Aufenthalt*

Schematische Darstellung des Tonhöhenverlaufs

Akzent 1	
Akzent 2	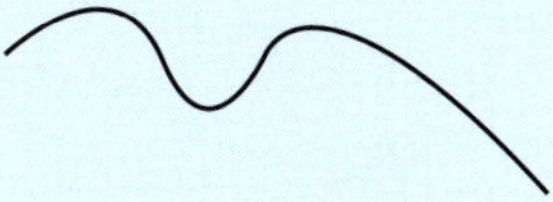

Die doppelte Betonung der Wörter *blutarm* [ˈbluːtˈarm] in der Bedeutung *ganz arm* und *steinreich* [ˈʃtainˈraiç] in der Bedeutung *sehr reich* ähnelt dem musikalischen Akzent. Dagegen entspricht ihre Betonung in der Bedeutung *arm an Blut* [ˈbluːtarm] und *mit vielen Steinen* [ˈʃtainraiç] dem Druckakzent.

Beispiele für Wortpaare, die sich nur durch unterschiedliche Akzentsetzung unterscheiden:

anden	[ˈandən] [ˇandən]	best. Sg. von and best. Sg. von ande	*Ente* *Geist*
buren	[ˈbʉːrən] [ˇbʉːrən]	best. Sg. von bur Ptz. Perf. von bära	*Käfig* *getragen*
stegen	[ˈsteːgən] [ˇsteːgən]	best. Sg. von steg best. Sg. von stege	*Schritt* *Leiter*
tanken	[ˈtaŋkən] [ˇtaŋkən]	best. Sg. von tank best. Sg. von tanke	*Tank* *Gedanke*
tomten	[ˈtomtən] [ˇtomtən]	best. Sg. von tomt best. Sg. von tomte	*Grundstück* *Wichtel*

Im Satzzusammenhang ordnet sich die Wortbetonung der Satzbetonung unter. Die schwedische Satzbetonung ist der deutschen ähnlich. Nur die im Satz betonten Wörter behalten ihre volle Wortbetonung, die übrigen sind weniger betont oder unbetont. Wörter mit Akzent 2 können im Satzzusammenhang Akzent 1 erhalten, z. B.:

gammal	[ˇgamːal]	*alt*
för gammal	[fœˈgamːal]	*zu alt*

Bis zu einem gewissen Grad ist vorhersagbar, welche Wörter Akzent 1 und welche Wörter Akzent 2 haben. Die folgenden Regeln sollen helfen grobe Fehler zu vermeiden. Die Betonung muss bei jedem Wort mitgelernt werden.

Akzent 1 haben:

1. viele zweisilbige Wörter auf -el, -en, -er
   - Singularformen von Substantiven, z. B.

fågel	[ˈfoːgəl]	*Vogel*
vatten	[ˈvatːən]	*Wasser*
vinter	[ˈvintər]	*Winter*

   - einige Pluralformen, z. B.

böcker	[ˈbøkːər]	*Bücher*
händer	[ˈhɛndər]	*Hände*

- Verben mit der Präsensendung -er, z. B.

kommer	[ˈkɔm:ər]	*kommt*
sover	[ˈso:vər]	*schläft*
vinner	[ˈvin:ər]	*gewinnt*

2. die bestimmten Formen einsilbiger Substantive und mehrsilbiger, oft endbetonter Substantive mit Akzent 1, z. B.

posten	[ˈpɔstən]	*die Post*
böckerna	[ˈbøk:əɳa]	*die Bücher*
huset	[ˈhʉ:sət]	*das Haus*
universitetet	[ɵnivæʂiˈte:tət]	*die Universität*

3. Komparative auf -re, z. B.

större	[ˈstœr:ə]	*größer*
mindre	[ˈmindrə]	*kleiner*

4. Wörter mit unbetonten Vorsilben (auch wenn das Wort ohne Vorsilbe Akzent 2 hat) und Fremdwörter auf -era [e:ra] (entspricht dt. *-ieren*), z. B.

förlora	[fœˈɭu:ra]	*verlieren*
behålla	[bəˈhɔl:a]	*behalten*
likvidera	[likviˈde:ra]	*liquidieren*

5. viele Fremdwörter und Adjektive auf -isk, z. B.

taxi	[ˈtaksi]	*Taxi*
praktisk	[ˈpraktisk]	*praktisch*
alfabetisk	[alfaˈbe:tisk]	*alphabetisch*

Akzent 2 haben:

1. Infinitive, soweit sie nicht Akzent 1 nach Regel 4 haben, z. B.

komma	[ˇkɔm:a]	*kommen*
sova	[ˇso:va]	*schlafen*
vinna	[ˇvin:a]	*gewinnen*

2. viele Plurale auf -or oder -ar, z. B.

systrar	[ˇsystrar]	*Schwestern*
flickor	[ˇflik:ur]	*Mädchen*

3. Komparative auf -are und Superlative auf -ast, z. B.

starkare	[ˇstarkare]	*stärker*
starkast	[ˇstarkast]	*am stärksten*

4. die meisten zusammengesetzten Wörter, z. B.

invånare	[ˇin:vo:narə]	*Einwohner*
matsedel	[ˇmɑ:tse:dəl]	*Speisekarte*
frihet	[ˇfri:he:t]	*Freiheit*

Buchstaben und Laute

Das schwedische Alphabet

A a	[ɑ:]	K k	[ko:]	U u	[ʉ:]
B b	[be:]	L l	[ɛl:]	V v	[ve:]
C c	[se:]	M m	[ɛm:]	W w	[ˇdəb:əl ve:]
D d	[de:]	N n	[ɛn:]	X x	[ɛks]
E e	[e:]	O o	[u:]	Y y	[y:]
F f	[ɛf:]	P p	[pe:]	Z z	[ˇsɛ:ta]
G g	[ge:]	Q q	[kʉ:]	Å å	[o:]
H h	[ho:]	R r	[ær:]	Ä ä	[ɛ:]
I i	[i:]	S s	[ɛs:]	Ö ö	[ø:]
J j	[ji:]	T t	[te:]		

Vokalbuchstaben sind a, e, i, o, u, y, å, ä, ö.
Konsonantenbuchstaben sind b, c, d, f, g, h, j, k, l, m, n, p, q, r, s, t, v, w, x, z.

Von den Buchstaben zu den Lauten

In der folgenden Zusammenstellung finden sich nur die wichtigsten Entsprechungen zwischen Buchstaben und Lauten in betonter Silbe. Auf einige Besonderheiten in unbetonten Silben wird jedoch hingewiesen. Vorauszuschicken ist, dass unbetonte Vokale immer kürzer sind als betonte. Für die Konsonanten spielt die Betonung eine geringere Rolle. Für zusammengesetzte Wörter und Wörter mit Vorsilben oder Endungen gelten die Regeln so, als seien die Wörter in ihre Bausteine zerlegt, also matsedel in mat+sedel, behålla in be+hålla, farlig in far+lig, fint in fin+t. Das ist besonders zu beachten, wenn man die Konsonanten zählt, die einem Vokal folgen. Es werden jeweils nur die

Konsonanten bis zu der Stelle gezählt, an der die Endung beginnt oder bei Zusammensetzungen das Grundwort. Also auf n in fint folgt somit 1(!) Konsonant im Stamm, da das folgende -t Endung ist, auf a in matsedel folgt 1 (!) Konsonant, da das Wort zusammengesetzt ist usw. Ausnahmen werden bei den entsprechenden Konsonantengruppen eigens vermerkt

Buchstabe(n)	Aussprache	Bedingung, Vorkommen		
a	1. [ɑ:]	vor einem Konsonanten, am Wortende, vor rd, rl, rn		
		mat jag barn	[mɑ:t] [jɑ:g] [bɑ:ɳ]	*Essen* *ich* *Kind*
	2. [a]	vor mehreren Konsonanten oder vor x		
		alla hand mars vax	[ˇal:a] [hand] [maʂ:] [vaks]	*alle* *Hand* *März* *Wachs*
	3. [a]	unbetont auch vor einem Konsonanten		
		kamel	[kaˈme:l]	*Kamel*
b	[b]	immer		
		barn bra tub	[bɑ:ɳ] [brɑ:] [tʉ:b]	*Kind* *gut* *Tube*
bb	[b:]	vor einem Vokal und am Wortende, sonst [b]		
		ebb	[ɛb:]	*Ebbe*
c	[s]	vor e, i, y, ä, ö (= vordere Vokale)		
		cykel	[ˈsyk:əl]	*Fahrrad*
	[k]	vor a, o, u, å (= hintere Vokale) und vor Konsonanten		
		cancer clou	[ˈkansər] [klu:]	*Krebs* *Clou*
cc	[ks]	kommt nur in Fremdwörtern vor		
		acceptera	[aksepˈte:ra]	*akzeptieren*
ch	[ʃ]	in vielen Fremdwörtern		
		chikan lunch	[ʃiˈkɑ:n] [lɵnʃ]	*Schikane* *Mittagessen*

Buchstabe(n)	Aussprache	Bedingung, Vorkommen		
	[ç]	in einzelnen Fremdwörtern		
		check	[çɛkː]	*Scheck*
ck	[kː]	immer		
		vecka	[ˇvekːa]	*Woche*
d	[d]	immer		
		du land	[dʉː] [land]	*du* *Land*
		jedoch fällt in der Umgangssprache [d] am Wortende nach Vokal häufig aus		
		bröd	[brøː]	*Brot*
dd	[dː]	vor Vokal und am Wortende, sonst [d]		
		kudde	[ˇkɵdːə]	*Kissen*
dj	[j]	am Wortanfang, sonst [dj]; im Finnlandschwedischen auch am Wortanfang [dj]		
		djur	[jʉːr]	*Tier*
e	1. [eː]	vor einem Konsonanten, vor rd, rl, rn und am Wortende		
		leva ge herde	[ˇleːva] [jeː] [ˇheːɖə]	*leben* *geben* *Hirte*
	2. [e]	in einigen Wörtern vor zwei Konsonanten		
		enda	[ˇenda]	*einzig*
		unbetont häufig in Fremdwörtern, wenn die betonte Silbe folgt		
		republik	[repɵˈbliːk]	*Republik*
	3. [ɛ]	vor mehreren Konsonanten oder vor x		
		svensk	[svɛnsk]	*schwedisch*
	4. [æ]	vor r + weiterem Konsonanten (außer vor rd, rl, rn)		
		berg	[bærj]	*Berg*

Buchstabe(n)	Aussprache	Bedingung, Vorkommen		
	5. [ə]	unbetont, besonders in Vorsilben und Endungen		
		begripa påse huset	[bəˈgriːpa] [ˇpoːsə] [ˈhʉːsət]	*begreifen* *Tüte* *das Haus*
f	[f]	immer		
		föra efter	[ˇfœːra] [ˈɛftər]	*führen* *nach*
ff	[fː]	vor einem Vokal und am Wortende, sonst [f]		
		träffa	[ˇtrɛfːa]	*treffen*
g	1. [g]	vor a, o, u, å und vor [ə]; vor Konsonant		
		gata grön fågel	[ˇgɑːta] [grøːn] [ˈfoːgəl]	*Straße* *grün* *Vogel*
	2. [j]	nach l oder r; vor e, i, y, ä, ö in schwedischen Wörtern und vielen Fremdwörtern		
		älg get genuin	[ɛlj] [jeːt] [jen*ˈiːn]	*Elch* *Ziege* *genuin*
	3. [ŋ]	in der Verbindung gn, wenn n zum Stamm gehört		
		regna vagn	[ˇrɛŋna] [vaŋn]	*regnen* *Wagen*
	4. [ʃ]	in einigen Fremdwörtern vor e		
		geni	[ʃeˈniː]	*Genie*
	5. [g̊]	weniger stimmhaft zwischen kurzem Vokal und s oder t		
		sagt dagsnyheter	[sag̊t] [ˇdag̊snyˈheːtər]	*gesagt* *Nachrichten*
	6. –	beim normalen Sprechen fällt [g] ganz weg in den Adjektivendungen -ig und -lig sowie bei dem Wort jag *(ich)*, wenn es nicht besonders hervorgehoben werden soll		
		trolig möjligtvis jag	[ˇtruːli] [ˇmøjlitˈviːs] [jɑː]	*wahrscheinlich* *möglicherweise* *ich*
		aber		
		jaget	[ˈjɑːgət]	*das Ich*

Buchstabe(n)	Aussprache	Bedingung, Vorkommen		
gg	[gː]	vor einem Vokal und am Wortende, sonst [g]		
		vagga	[ˇvagːa]	*Wiege*
gj	[jː]	am Wortanfang, sonst [gj]		
		gjorde	[ˇjuːɖə]	*machte*
h	[h]	immer		
		hand	[hand]	*Hand*
hj	[j]	am Wortanfang		
		hjul	[jʉːl]	*Rad*
i	1. [iː]	vor einem Konsonanten		
		hit	[hiːt]	*hierher*
	2. [i]	vor mehreren Konsonanten oder vor x		
		bild blixt	[bild] [blikst]	*Bild* *Blitz*
j	1. [j]	in schwedischen Wörtern		
		jag höjd	[jɑː] [højd]	*ich* *Höhe*
	2. [ʃ]	in einigen Fremdwörtern		
		journalist	[ʃuɳaˈlist]	*Journalist*
k	1. [k]	vor a, o, u, å, vor Konsonanten und in einigen Fremdwörtern		
		kalla klok kö	[ˇkalːa] [kluːk] [køː]	*rufen* *klug* *Schlange*
	2. [ç]	vor e, i, u, ä, ö		
		kedja köra	[ˇçeːdja] [ˇçœːra]	*Kette* *fahren*
kj	[ç]	am Wortanfang, sonst [kj]		
		kjol	[çuːl]	*Kleid*
l	1. [l]	fast immer		
		mål	[moːl]	*Ziel*

Buchstabe(n)	Aussprache	Bedingung, Vorkommen		
	2. –	fällt aus in wenigen Wörtern		
		värld karl	[vɛːɖ] [kɑːr]	*Welt* *Kerl*
lj	[j]	am Wortanfang, sonst [lj]		
		ljuga välja	[ˇjʉːga] [ˇvɛlja]	*lügen* *wählen*
ll	[lː]	vor einem Vokal und am Wortende, sonst [l]		
		kall	[kalː]	*kalt*
m	1. [m]	am Wortanfang und im Wortinnern; am Wortende nach einem Langvokal		
		mor jama	[muːr] [ˇjɑːma]	*Mutter* *miauen*
	2. [mː]	nach einem Kurzvokal am Wortende		
		kam	[kamː]	*Kamm*
mm	[mː]	vor einem Vokal und am Wortende, sonst [m]		
		lamm kamma	[lamː] [ˇkamːa]	*Lamm* *kämmen*
n	1. [n]	am Wortanfang und im Wortinnern; am Wortende nach einem Langvokal		
		ny andra	[nyː] [ˇandra]	*neu* *andere*
	2. [nː]	nach einem Kurzvokal am Wortende und in dem Wort honom		
		men honom	[mɛnː] [ˇhɔnːɔm]	*aber* *ihm, ihn*
	3. [ŋ]	in einigen französischen Lehnwörtern, teilweise wechselnd mit der Aussprache [n]		
		intressant pension annons	[intrɛˈsaŋt] [paŋˈʃuːn] [aˈnɔŋs]	*interessant* *Pension* *Anzeige*
ng	1. [ŋː]	vor einem Vokal und am Wortende		
		många lång	[ˇmɔŋːa] [lɔŋː]	*viele* *lang*

Buchstabe(n)	Aussprache	Bedingung, Vorkommen		
	2. [ŋ]	vor einem Konsonant		
		längd	[lɛŋd]	*Länge*
nk	[ŋk]	immer		
		blänka	[ˇblɛŋka]	*blinken*
nn	[nː]	vor einem Vokal und am Wortende, sonst [n]		
		minne	[ˇminːe]	*Gedächtnis*
o	1. [oː]	vor einem Konsonanten, aber in einigen Ausnahmen auch vor zwei Konsonanten		
		honung moln	[ˇhoːnɵŋ] [moːln]	*Honig* *Wolke*
	2. [ɔ]	vor mehreren Konsonanten (außer rd, rl, rn) oder x, aber in einigen Ausnahmen auch vor nur einem Konsonaten		
		kofta honom	[ˇkɔfta] [ˇhɔnːɔm]	*Strickjacke* *ihm, ihn*
	3. [uː]	vor einem Konsonanten oder am Wortende		
		bro mot	[bruː] [muːt]	*Brücke* *gegen*
	4. [u]	häufig unbetont vor einer betonten Silbe		
		potatis	[puˈtɑːtis]	*Kartoffel*
p	[p]	immer		
		park köp	[park] [çøːp]	*Park* *Kauf*
pp	[pː]	vor einem Vokal und am Wortende, sonst [p]		
		kappa lapp	[ˇkapːa] [lapː]	*Mantel* *Zettel*
qu/qv	[kv]	kommt nur in Namen vor		
		Almqvist	[ˇalmkvist]	*Almqvist*
r	[r]	immer		
		resa	[ˇreːsa]	*reisen*

Buchstabe(n)	Aussprache	Bedingung, Vorkommen		
rd	[ɖ]	immer, aber ▶ auch Seite 24 f.		
		jord	[juːɖ]	*Erde*
rds	[ɖʂ]	meist, manchmal auch als [ɖs]		
		värdshus	[ˇvɛːɖʂhʉːs]	*Wirtshaus*
rl	[ɭ]	immer, aber ▶ auch Seite 24 f.		
		kärl	[çæːɭ]	*Gefäß*
rn	[ɳ]	immer, aber ▶ auch Seite 24 f.		
		stjärna	[ˇçæːɳa]	*Stern*
rr	[rː]	vor einem Vokal und am Wortende, sonst [r]		
		darra	[ˇdarːa]	*zittern*
rs	[ʂː]	immer, aber ▶ auch Seite 24 f.		
		kors	[kɔʂ]	*Kreuz*
rt	1. [ʈː]	nach einem Kurzvokal, aber ▶ auch Seite 24 f.		
		kort	[kɔʈː]	*kurz*
	2. [ʈ]	nach einem Langvokal, aber ▶ auch Seite 24 f.		
		hjortron	[ˇjuːʈrɔn]	*Multebeere*
s	[s]	immer stimmlos		
		söt	[søːt]	*süß*
sc	1. [ʃ]	in einigen Fremdwörtern		
		fascinera	[faʃiˈneːra]	*faszinieren*
	2. [s]	in einigen Fremdwörtern		
		scen	[seːn]	*Szene*
sch	1. [ʃ]	in vielen Fremdwörtern		
		schakt	[ʃakt]	*Schacht*
	2. [sk]	in einigen Fremdwörtern		
		schizofren	[skitsoˈfreːn]	*schizophren*
sh	[ʃ]	in einigen Fremdwörtern		
		shoppa	[ˇʃopːa]	*shoppen*

Buchstabe(n)	Aussprache	Bedingung, Vorkommen		
si	[ʃ]	in einigen Fremdwörtern		
		pension	[paŋˈʃuːn]	*Pension*
sj	[ʃ]	immer		
		själ	[ʃɛːl]	*Seele*
sk	1. [ʃ]	vor e, i, y, ä, ö		
		skära	[ˇʃæːra]	*schneiden*
	2. [sk]	vor a, o, u, å oder vor Konsonanten		
		skål svensk	[skoːl] [svɛnskt]	*Prost* *schwedisch (n)*
skj	[ʃ]	am Wortanfang		
		skjuta	[ˇʃʉːta]	*schießen*
ss	[sː]	vor einem Vokal und am Wortende, sonst [s]		
		kassa pass	[ˇkasːa] [pasː]	*Kasse* *Pass*
ssi	[ʃ]	in einigen Fremdwörtern		
		mission	[miˈʃuːn]	*Mission*
ssj	[ʃː]	in wenigen Wörtern		
		hyssja	[ˇhyʃːa]	*‚pst' rufen*
stj	[ʃ]	am Wortanfang		
		stjärna	[ˇʃæːɪ̯ɳ*a]	*Stern*
t	[t]	immer		
		tänka höst	[ˇtɛŋka] [høst]	*denken* *Herbst*
ti	1. [ʃ]	in einigen Fremdwörtern		
		station	[staˈʃuːn]	*Bahnhof*
	2. [tʃ]	in einigen Fremdwörtern		
		nation	[naˈtʃuːn]	*Nation*
tj	[ç]	am Wortanfang		
		tjuv	[çʉːv]	*Dieb*

Buchstabe(n)	Aussprache	Bedingung, Vorkommen		
tt	[tː]	vor einem Vokal und am Wortende, sonst [t]		
		skratta katt	[ˇskratːa] [katː]	*lachen* *Katze*
u	1. [ʉː]	vor einem Konsonanten oder am Wortende		
		ljud du	[jʉːd] [dʉː]	*Laut* *du*
	2. [ɵ]	vor mehreren Konsonanten oder vor x		
		hund vuxen	[hɵnd] [ˇvɵksən]	*Hund* *erwachsen*
v	[v]	immer		
		vägg behov	[vɛgː] [bəˈhuːv]	*Wand* *Bedarf*
x	[ks]	immer		
		växa	[ˇvæksa]	*wachsen*
y	1. [yː]	vor einem Konsonanten, am Wortende		
		hyra ny	[ˇhyːra] [nyː]	*mieten* *neu*
	2. [y]	vor mehreren Konsonanten oder vor x		
		tyst yxa	[tyst] [ˇyksa]	*deutsch* *Axt*
	3. [œ]	in dem Wort		
		fyrtio	[ˈfœʈːi]	*vierzig*
z	1. [s]	in Fremdwörtern		
		zon mazarin	[soːn] [masaˈriːn]	*Zone* *ein Gebäck*
	2. [ts]	in wenigen Fremdwörtern		
		schizofren	[skitsoˈfreːn]	*schizophren*
å	1. [oː]	vor einem Konsonanten, am Wortende, vor rd, rl, rn		
		mål rå gård	[moːl] [roː] [goːɖ]	*Ziel* *roh* *Hof*

Buchstabe(n)	Aussprache	Bedingung, Vorkommen		
	2. [ɔ]	vor mehreren Konsonanten (außer rd, rl, rn)		
		gått	[gɔtː]	*gegangen*
ä	1. [ɛː]	vor einem Konsonanten (außer r oder x) und am Wortende		
		läkare fä	[ˇlæːkarə] [fɛː]	*Arzt* *Vieh*
	2. [æː]	vor r am Wortende, vor r + Vokal, vor rd, rl, rn		
		här bära värde	[hæːr] [ˇbæːra] [ˇvæːɖə]	*hier* *tragen* *Wert*
	3. [ɛ]	vor mehreren Konsonanatenbuchstaben (außer r + Konsonant) und vor x		
		kälke växa	[ˇçɛlkə] [ˇvɛksa]	*Schlitten* *wachsen*
	4. [æ]	vor r + Konsonant (außer rd, rl, rn)		
		värme färs	[ˇværmə] [fæʂ]	*Wärme* *Hackfleisch*
ö	1. [øː]	vor einem Konsonanten (außer r oder x) und am Wortende		
		böta kö	[ˇbøːta] [køː]	*Strafe zahlen* *Schlange*
	2. [œː]	vor r am Wortende, vor r + Vokal, vor rd, rl, rn		
		smör före hörn	[smœːr] [ˇfœːrə] [hœːɳ]	*Butter* *vor* *Ecke*
	3. [ø]	vor mehreren Konsonanten (außer r + Konsonant) und vor x		
		mjölk	[mjølk]	*Milch*
	4. [œ]	vor r + Konsonant (außer rd, rl, rn)		
		smörja	[ˇsmœːrja]	*schmieren*

Anmerkung zu rd, rl, rn, rs, rt

Für alle diese Buchstabenfolgen gilt, dass sie auch über Wortfugen hinaus als [ɖ], [ɭ], [ɳ], [ʂ], [ʈ] gesprochen werden. Man nennt diese Laute, die mit leicht zurückgebogener Zungenspitze ausgesprochen werden, Retroflexe (auf Schwedisch auch supradentaler). Die Varianten des Schwedischen (Südschweden und Finnland), die im Wort keine Retroflexe kennen, haben natürlich auch in der Wortfuge und an Wortgrenzen diese Laute nicht.

fördela	[fœˈɖeːla]	*verteilen*
vårdag	[ˇvoːɖɑːg]	*Frühlingstag*
förlora	[fœˈɭuːra]	*verlieren*
nederlag	[ˇneːɖəˈɭɑːg]	*Niederlage*
förneka	[fœˈɳeːka]	*verneinen*
efternamn	[ˇɛftəˈɳamn]	*Nachname*
försvara	[fœˈʂvɑːra]	*verteidigen*
systerson	[ˇsystəˈʂoːn]	*Neffe*
förtulla	[fœˈʈɵlːa]	*verzollen*

Beim schnellen Sprechen werden die Buchstabenfolgen *rd, rl, rn, rs, rt* auch über Wortgrenzen hinaus als Retroflexe ausgesprochen. Die Häufigkeit ihres Vorkommens hängt vor allem von der Sprechgeschwindigkeit ab. Je schneller gesprochen wird, umso mehr Retroflexe kommen vor. Darüber hinaus spielen auch individuelle Gewohnheiten eine Rolle. Nur wenn zwischen zwei Wörtern eine Pause gemacht wird, bleiben immer beide Laute im Auslaut und Anlaut erhalten.

Beispiele für Retroflexe im Satz

Vad kostar det?	[vɑː ˇkɔstaɖeː]	*Was kostet das?*
Var ligger stationen?	[vɑː ˇɭigːər staˈʃuːnən]	*Wo ist der Bahnhof?*
Har ni mjölk?	[hɑːɳiˈmjølk]	*Haben Sie Milch?*
När skall du börja?	[næːʂkadʉː ˇbœrja]	*Wann wirst du anfangen?*
Vi stannar till i morgon.	[viː ˇstanːaʈil i ˇmɔrːɔn]	*Wir bleiben bis morgen.*

Silbentrennung

Im Schwedischen kann man Wörter nach zwei Prinzipien trennen:

1. nach Bildungssilben: Dabei werden Zusammensetzungen getrennt, Vorsilben, Endungen usw. abgetrennt.

för-ord-et	*Vorwort*
be-kant-skaps-krets-en	*der Bekanntenkreis*

2. nach Sprechsilben: Ein einzelner Konsonant kommt dabei auf die nächste Zeile, bei mehreren Konsonanten jeweils der letzte.

ve-ta	*wissen*
sit-ta	*sitzen*
poj-ke	*Junge*
frans-ka	*französisch*

Wenn Buchstabengruppen für einen Laut stehen, dürfen sie nicht getrennt werden, z. B. ng in ringer *(ruft an)* oder ck in Wörtern wie tackar *(dankt)* können nur ring-er, tack-ar getrennt werden.

Der Buchstabe x kommt nie auf die nächste Zeile, man trennt z. B. väx-er *(wächst)*. Buchstabenverbindungen außer -ssi- , die den ʃ-Laut bezeichnen, werden nicht getrennt, also nur männi-ska *(Mensch)*, fa-scinera *(faszinieren)*, aber mis-sion *(Mission)*.

Groß- und Kleinschreibung

Großbuchstaben schreibt man im Schwedischen

1. am Satzanfang, nach Punkt, nach Frage- und Ausrufezeichen;
2. in Eigennamen.

Sverige	*Schweden*
Lars och Eva	*Lars und Eva*

Besteht ein Eigenname aus zwei Wörtern und das zweite ist ein gewöhnliches Substantiv, so schreibt man nur das erste Wort groß.

Stilla havet	*der Stille Ozean*
Förenta staterna	*die Vereinigten Staaten*

3. Anredewörter in Briefen sind manchmal noch großgeschrieben, ebenso Titel als Anrede in Briefen.

Du, Din	*Du, Dein*
Ni, Er	*Sie, Ihnen*
Kära Professor Lund!	*Sehr geehrte Frau Professor Lund!*
Käre Professor Lund!	*Sehr geehrter Herr Professor Lund!*

Alles andere schreibt man klein.

2 Artikel (Geschlechtswort) und grammatisches Geschlecht

Im Schwedischen werden bei Artikel, Substantiv und Adjektiv nur zwei Geschlechter unterschieden, nämlich Utrum (männlich und weiblich) und Neutrum (sächlich); Bei den Pronomen (Fürwörtern) werden wie im Deutschen drei Geschlechter unterschieden. Die Zugehörigkeit eines Substantivs zur Klasse der Utrum-Wörter oder der Neutrum-Wörter ist an der Form des Artikels zu sehen. An der Form des Substantivs allein ist das Geschlecht nicht zu erkennen

Der unbestimmte Artikel

Im Singular steht der unbestimmte Artikel vor dem Substantiv und heißt im Utrum en, im Neutrum ett. Im Plural gibt es keinen unbestimmten Artikel.

Utrum	**en** stol **en** banan **en** kniv	*ein Stuhl* *eine Banane* *ein Messer*
Neutrum	**ett** äpple **ett** bageri **ett** barn	*ein Apfel* *eine Bäckerei* *ein Kind*

Der bestimmte Artikel

Der bestimmte Artikel lautet kein selbstständiges Wort wie im Deutschen, sondern eine Endung, die an das Substantiv angehängt wird. Steht ein Adjektiv vor dem Substantiv, so wird ein zusätzlicher bestimmter Artikel gebraucht (▶ Seite 29 f.).

Im Singular heißt der angehängte bestimmte Artikel im Utrum -en, wenn das Wort auf einem Konsonanten auslautet: Er heißt -n, wenn das Wort auf Vokal oder unbetonten Vokal + -l oder -r auslautet. Im Neutrum heißt der bestimmte Artikel -et, wenn das Wort auf einem Konsonanten auslautet; er heißt -t, wenn das Wort auf einem unbetonten Vokal auslautet. Wörter, die auf einem betonten Vokal auslauten, wie z. B. knä *(Knie)*, können entweder die Artikelform mit -e- oder ohne -e- erhalten, also knäet oder knät *(das Knie)*. Alle Utrum-Wörter auf -an und viele Fremdwörter auf -en fügen keinen bestimmten Artikel mehr an, z. B. början *(Anfang/der Anfang)* oder examen *(Examen/das Examen)*. Bei diesen Wörtern sind unbestimmte und bestimmte Form gleich.

Bei bestimmten Formen treten Stammveränderungen auf:

1. Wörter mit Akzent 1, die auf unbetontem -el, -en, -er enden, verlieren dieses -e-, wenn der Artikel angehängt wird, z. B.

vatten	▶ vattnet	*(das) Wasser*
medel	▶ medlet	*(das) Mittel*
fönster	▶ fönstret	*(das) Fenster*

Ausnahmen:

bäcken	▶ bäckenet	*(das) Becken*
cykel	▶ cykeln	*(das) Fahrrad*

2. Wörter auf -eum, -ium und einige auf -um verlieren das -um, wenn der bestimmte Artikel angehängt wird:

museum	▶ museet	*(das) Museum*
gymnasium	▶ gymnasiet	*(das) Gymnasium*
centrum	▶ centret	*(das) Zentrum*

Ausnahmen:

album	▶ albumet	*(das) Album*
datum	▶ datumet	*(das) Datum*

3. Manche Wörter haben, vor allem umgangssprachlich, in ihrer bestimmten Form Kurzformen, z. B.

staden	▶ stan	*die Stadt*
dagen	▶ dan	*der Tag*

Singular	unbestimmte Form		bestimmte Form	
Utrum	stol	*Stuhl*	stol**en**	*der Stuhl*
	flicka	*Mädchen*	flick**an**	*das Mädchen*
	början	*Anfang*	början	*der Anfang*
	fruktan	*Furcht*	fruktan	*die Furcht*
	fodran	*Forderung*	fodran	*die Forderung*
Neutrum	glas	*Glas*	glas**et**	*das Glas*
	äpple	*Apfel*	äpple**t**	*der Apfel*
	fönster	*Fenster*	fönstr**et**	*das Fenster*
	vatten	*Wasser*	vattn**et**	*das Wasser*
	museum	*Museum*	muse**et**	*das Museum*

Im Plural (Mehrzahl) heißt der bestimmte Artikel bei allen Utrum-Wörtern und wenigen Neutrum-Wörtern -na, bei Neutrum-Wörtern der 5. Deklination (▶ Seite 34 ff.) -en, bei den anderen Neutrum-Wörtern -a. Der bestimmte Artikel im Plural wird an die Pluralendung des Substantivs angehängt. Bei den Wörtern, die keine Pluralendung haben, wird er direkt an den Stamm angehängt.

Wörter, die auf unbetontem -el, -en, -er enden und den bestimmten Artikel -en im Plural erhalten, verlieren das -e- vor dem Pluralartikel; alternativ haben sie oft eine umgangssprachliche Form auf -na ohne e-Ausfall.

Plural	unbestimmte Form		bestimmte Form	
Utrum	stolar kattar lärare	*Stühle* *Katzen* *Lehrer/innen*	stolar**na** kattar**na** lärar**na**	*die Stühle* *die Katzen* *die Lehrer/innen*
Neutrum	bagerier hus knän fönster	*Bäckereien* *Häuser* *Knie* *Fenster*	bagerier**na** hus**en** knän**a** fönstr**en** fönstre**na**	*die Bäckereien* *die Häuser* *die Knie* *die Fenster*

! Bemerkung zur Aussprache: Das n des bestimmten Artikels im Plural wird zusammen mit dem r der Pluralendung zu [ɳ], also stolarna [ˈstuːlaːɳa] usw. (▶ Seite 24 f.)

Der freistehende Artikel

Steht vor einem Substantiv in bestimmter Form ein Adjektiv, so muss dem Adjektiv in der Regel ein zusätzlicher bestimmter Artikel vorangestellt werden. Das Substantiv ist dann doppelt bestimmt. Dieser Artikel hat folgende Formen:

Utrum	den
Neutrum	det
Plural	de

Übersicht über die verschiedenen Artikel

	unbestimmt		bestimmt	
Utrum	**en** dörr **en** stor dörr	*eine Tür* *eine große* *Tür*	dörr**en** **den** stora dörr**en**	*die Tür* *die große* *Tür*
Neutrum	**ett** hus **ett** stort hus	*ein Haus* *ein großes* *Haus*	hus**et** **det** stora hus**et**	*das Haus* *das große* *Haus*
	unbestimmt		**bestimmt**	
Plural	dörrar stora dörrar hus stora hus	*Türen* *große Türen* *Häuser* *große Häuser*	dörrar**na** **de** stora dörrar**na** hus**en** **de** stora hus**en**	*die Türen* *die großen* *Türen* *die Häuser* *die großen* *Häuser*

Für die Formen des Adjektivs ▶ Seite 38 ff.:

In Eigennamen, Ortsbezeichnungen und festen Ausdrücken kann der freistehende Artikel fehlen. Es steht dann bei Substantiven nur der angehängte Artikel bzw. bei Namen kein Artikel. So bezeichnet trötta Lena *(müde Lena)* ohne den vorangestellten freistehenden Artikel eine Frau, der man diesen Namen gegeben hat, während den trötta Lena *(die müde Lena)* mit freistehendem Artikel eine Frau mit Namen Lena bezeichnet, die gerade müde ist. Beispiele für Namen ohne freistehenden bestimmten Artikel sind:

Stilla oceanen	*der Stille Ozean*
Franska revolutionen	*die Französische Revolution*

Der freistehende Artikel fehlt weiterhin vor hela und halva, wenn sie unmittelbar vor dem Substantiv stehen.

Hon arbetade **hela** dagen.	*Sie arbeitete den ganzen Tag.*
Han arbetar **halva** veckan.	*Er arbeitet die halbe Woche.*

Auch vor Adjektiven, die eine Lage oder Reihenfolge angeben, fehlt der freistehende Artikel.

förra året	*letztes Jahr. das letzte Jahr*
högra, vänstra foten	*der rechte, linke Fuß*
övre, nedre delen	*der obere, untere Teil*
första, sista kapitlet	*das erste, letzte Kapitel*

In Überschriften, Schlagzeilen und in der Umgangssprache kann der freistehende Artikel fehlen.

Der Gebrauch der Artikel

Wie im Deutschen kann auch im Schwedischen ein Substantiv ohne Artikel, mit unbestimmtem Artikel oder mit bestimmtem Artikel stehen.

Hier können nur allgemeine Regeln gegeben werden, im Einzelfall ist der Gebrauch der Artikel oft eine Frage des Stils. (▶ auch Seite 63 f. Übersicht über bestimmte und unbestimmte Form von Adjektiv und Substantiv nach gewissen Wörtern oder Konstruktionen.)

Das Substantiv steht ohne Artikel

1. wenn das Substantiv nicht näher (z. B. durch ein Adjektiv, durch einen Relativsatz) bestimmt ist, bei Berufs-, Nationalitäts- und Religionsbezeichnungen, bei der Bezeichnung von philosophischer oder politischer Gruppenzugehörigkeit:

Hon är läkare.	*Sie ist Ärztin.*
Han är italienare.	*Er ist Italiener.*
Han är katolik.	*Er ist Katholik.*
Hon är socialist.	*Sie ist Sozialistin.*

2. bei Stoff- oder Materialbezeichnungen oder bei Angabe der Ausstattung:

Vi åt kött idag.	*Wir aßen heute Fleisch.*
Jag dricker kaffe.	*Ich trinke Kaffee.*
Klockan är gjord av guld.	*Die Uhr ist aus Gold (gemacht).*
Huset har (en) trädgård.	*Das Haus hat einen Garten.*
rum med dusch och toalett	*Zimmer mit Bad und Toilette*

3. bei Angabe von Verkehrsmitteln:

Jag åker buss varje dag.	*Ich fahre täglich mit dem Bus.*
Vi åker tunnelbana.	*Wir fahren mit der U-Bahn.*
Turisterna kom med tåg.	*Die Touristen kamen mit dem Zug.*

4. bei Substantiven, die Abstrakta (auch Sprachen) bezeichnen:

Jag kände rädsla.	*Ich empfand Furcht.*
I regel är det så.	*In der Regel ist das so.*
Hon tittade med intresse.	*Sie schaute mit Interesse.*
Eva pratar (bra) svenska.	*Eva spricht (gut) Schwedisch.*

5. bei Werkzeugen, Instrumenten, Spielen u. ä.:

spela fiol	*Geige spielen*
skriva (på) maskin	*(auf der) Maschine schreiben*
spela schack	*Schach spielen*
gå på bio	*ins Kino gehen*

6. nach vorausgehendem Genitiv:

familjens bil	*das Auto der Familie*
Evas bok	*Evas Buch*

7. bei Personennamen und vielen geographischen Namen:

Eva och Lars bor i Malmö.	*Eva und Lars wohnen in Malmö.*
Vi reste genom Schweiz.	*Wir reisten durch die Schweiz.*

Aber mit bestimmtem Artikel:

Mongoliet	*die Mongolei*
Förenta staterna	*die Vereinigten Staaten*

Das Substantiv steht mit dem unbestimmten Artikel

1. wenn man von einer (noch) unerwähnten oder unbekannten Person, Sache oder Angelegenheit spricht:

Jag har köpt **en** cykel.	*Ich habe ein Fahrrad gekauft.*
Varje svensk familj har **en** sommarstuga.	*Jede schwedische Familie hat ein Sommerhaus.*
Titta **en** älg!	*Schau, ein Elch!*

2. vor einem Substantiv mit näherer Bestimmung durch vorausgehendes Adjektiv (ohne vorausgehendes Adjektiv ▶ Punkt 1 ohne Artikel) oder Relativsatz:

Hon är **en** bra läkare. Han är **en** lärare, som ... Det var **ett** dyrt vin.	*Sie ist eine gute Ärztin.* *Er ist ein Lehrer, der ...* *Das war ein teurer Wein.*

Im Plural steht häufig några *(einige)* in der Funktion eines unbestimmten Artikels:

Jag har köpt några böcker.	*Ich habe (einige) Bücher gekauft.*

Unbestimmter Artikel und artikellose Form im Vergleich:

Han åt smörgås. Han åt **en** smörgås.	*Er aß Butterbrot (und kaute nicht Kaugummi).* *Er aß ein Butterbrot (und nicht Kuchen).*

Das Substantiv mit bestimmtem Artikel (zum Gebrauch des freistehenden bestimmten Artikels ▶ Seite 29 f.) steht

1. wenn von einer bereits erwähnten oder näher bestimmten Person, Sache oder Angelegenheit die Rede ist:

Han är mannen vi träffade i Stockholm. Hon köpte en ny bil, men nu tänker hon sälja bilen igen.	*Er ist der Mann, den wir in Stockholm trafen.* *Sie kaufte ein neues Auto, aber nun hat sie vor, das Auto wieder zu verkaufen.*

2. zur Bezeichnung der Sorte oder Art als Ganzes:

Är kvinnan jämställd? Katten är ett husdjur. Brödet har blivit dyrare.	*Ist die Frau gleichberechtigt?* *Die Katze ist ein Haustier.* *(Das) Brot ist teuer geworden.*

3. bei personifizierten abstrakten Substantiven:

livet döden sanningen	*das Leben* *der Tod* *die Wahrheit*

4. bei der Anrede in der 3. Person, bei Amtsbezeichnungen oder Titeln:

Var så god, professorn.	*Bitte sehr, Herr/Frau Professor.* (wörtl.: *der/die Professor/in)*
God dag, doktorn.	*Guten Tag, Herr/Frau Doktor.* (wörtl.: *der/die Doktor/in)*

3 Das Substantiv (Hauptwort)

Pluralbildung

Die schwedischen Substantive lassen sich nach ihrer Pluralbildung in 5 Deklinationen (Beugungen) einteilen. Neben diesen regelmäßigen gibt es auch unregelmäßige Pluralbildungen, die auf einige Wörter beschränkt sind.

1. Deklination

Diese Deklination hat im Plural die Endung -or [ur], heute üblicherweise [ər] gesprochen. Substantive, die auf -a im Singular enden, verlieren dieses -a vor der Pluralendung. Substantive, die auf unbetontes -er oder -el enden, verlieren ihr -e- vor der Pluralendung. Zur 1. Deklination gehören nur Utrum-Wörter.

Singular		**Plural**	
en ros	*eine Rose*	två ros**or**	*zwei Rosen*
en blomma	*eine Blume*	två blomm**or**	*zwei Blumen*
en toffel	*ein Pantoffel*	två toffl**or**	*zwei Pantoffeln*
en åder	*eine Ader*	två ådr**or**	*zwei Adern*

2. Deklination

Diese Deklination hat im Plural die Endung -ar. Substantive, die auf -e enden, verlieren dieses -e- vor der Pluralendung. In dieser Deklination kommen auch Wörter mit Vokalveränderung im Stamm (sog. Umlaut) vor, dabei wird o zu ö. Substantive, die auf unbetontes -el, -en, -er enden, verlieren das -e- vor der Pluralendung. Zur 2. Deklination gehören nur Utrum-Wörter.

Singular		**Plural**	
en arm	*ein Arm*	två arm**ar**	*zwei Arme*
en bro	*eine Brücke*	två bro**ar**	*zwei Brücken*
en pojke	*ein Junge*	två pojk**ar**	*zwei Jungen*
en syster	*eine Schwester*	två systr**ar**	*zwei Schwestern*
en mo(de)r	*eine Mutter*	två mödr**ar**	*zwei Mütter*

3. Deklination

Diese Deklination hat die Pluralendung -er oder -r. In dieser Deklination kommen folgende Umlaute vor: a zu ä, å zu ä, o zu ö. Langer Stammvokal im Singular kann im Plural gekürzt sein. Substantive, die auf unbetontes -el, -er enden, verlieren dieses -e- vor der Pluralendung. Ebenso fallen unbetonte -a, -o und -um aus. Bei einigen Wörtern verschiebt sich die Betonung: pro'fessor, aber profes'sorer. Zur 3. Deklination gehören sowohl Utrum-Wörter als auch Neutrum-Wörter.

Singular		Plural	
en katt	*eine Katze*	två katt**er**	*zwei Katzen*
en händelse	*ein Ereignis*	två händels**er**	*zwei Ereignisse*
en sko	*ein Schuh*	två sko**r**	*zwei Schuhe*
ett bageri	*eine Bäckerei*	två bageri**er**	*zwei Bäckereien*
en hand	*eine Hand*	två händ**er**	*zwei Hände*
en stång	*eine Stange*	två stäng**er**	*zwei Stangen*
en bok	*ein Buch*	två böck**er**	*zwei Bücher*
en get	*eine Ziege*	två gett**er**	*zwei Ziegen*
en fot	*ein Fuß*	två fött**er**	*zwei Füße*
en fabel	*eine Fabel*	två fabl**er**	*zwei Fabeln*
en historia	*eine Geschichte*	två histori**er**	*zwei Geschichten*
ett museum	*ein Museum*	två muse**er**	*zwei Museen*

4. Deklination

Diese Deklination, zu der nur Neutrum-Wörter gehören, hat die Pluralendung -n.

Singular		Plural	
ett äpple	*ein Apfel*	två äpplen	*zwei Äpfel*
ett knä	*ein Knie*	två knän	*zwei Knie*

5. Deklination

Diese Deklination hat keine Endung im Plural. Singular und Plural sind gleich oder unterscheiden sich nur durch Umlaut. Zu dieser Deklination gehören sowohl Utrum-Wörter als auch Neutrum-Wörter.

Singular		Plural	
ett hus	*ein Haus*	två hus	*zwei Häuser*
en lärare	*ein Lehrer*	två lärare	*zwei Lehrer*
en broder	*ein Bruder*	två bröder	*zwei Brüder*
en man	*ein Mann*	två män	*zwei Männer*

Unregelmäßige Pluralbildung

Einige Wörter bilden den Plural nach keiner der beschriebenen fünf Deklinationen.

Singular		Plural	
ett öga	*ein Auge*	två ögon	*zwei Augen*
ett öra	*ein Ohr*	två öron	*zwei Ohren*

Wörter ohne Plural

Einige Substantive kommen nur im Singular vor. Es handelt sich besonders um abstrakte Substantive, die auf -an enden.

en önskan	*ein Wunsch*

Um die Pluralbedeutung dieser Wörter auszudrücken, wird ein anderes Wort verwendet, in diesem Beispiel önskningar *(Wünsche)*.

Wörter ohne Singular

Einige Wörter kommen nur im Plural vor.

anor glasögon grönsaker pengar	*Vorfahren, Ahnen* *Brille* *Gemüse* *Geld*

Übersicht über Deklination und Artikel

	Singular		**Plural**	
	unbestimmt	**bestimmt**	**unbestimmt**	**bestimmt**
1.	ros	rosen	rosor	rosorna
	Rose	*die Rose*	*Rosen*	*die Rosen*
	blomma	blomman	blommor	blommorna
	Blume	*die Blume*	*Blumen*	*die Blumen*
	toffel	toffeln	tofflor	tofflorna
	Pantoffel	*der Pantoffel*	*Pantoffeln*	*die Pantoffeln*
2.	stol	stolen	stolar	stolarna
	Stuhl	*der Stuhl*	*Stühle*	*die Stühle*
	pojke	pojken	pojkar	pojkarna
	Junge	*der Junge*	*Jungen*	*die Jungen*
	syster	systern	systrar	systrarna
	Schwester	*die Schwester*	*Schwestern*	*die Schwestern*
	bro	bron	broar	broarna
	Brücke	*die Brücke*	*Brücken*	*die Brücken*

	Singular		Plural	
	unbestimmt	**bestimmt**	**unbestimmt**	**bestimmt**
	mo(de)r	mo(de)rn	mödrar	mödrarna
	Mutter	*die Mutter*	*Mütter*	*die Mütter*
3.	katt	katten	katter	katterna
	Katze	*die Katze*	*Katzen*	*die Katzen*
	sko	skon	skor	skorna
	Schuh	*der Schuh*	*Schuhe*	*die Schuhe*
	bok	boken	böcker	böckerna
	Buch	*das Buch*	*Bücher*	*die Bücher*
	bageri	bageriet	bagerier	bagerierna
	Bäckerei	*die Bäckerei*	*Bäckereien*	*die Bäckereien*
	hand	handen	händer	händerna
	Hand	*die Hand*	*Hände*	*die Hände*
	museum	museet	museer	museerna
	Museum	*das Museum*	*Museen*	*die Museen*
4.	äpple	äpplet	äpplen	äpplena
	Apfel	*der Apfel*	*Äpfel*	*die Äpfel*
	knä	knät	knän	knäna
	Knie	*das Knie*	*Knie*	*die Knie*
5.	hus	huset	hus	husen
	Haus	*das Haus*	*Häuser*	*die Häuser*
	lärare	läraren	lärare	lärarna
	Lehrer	*der Lehrer*	*Lehrer*	*die Lehrer*
	man	mannen	män	männen
	Mann	*der Mann*	*Männer*	*die Männer*

Die Kasus (Fälle)

Im Schwedischen gibt es nur zwei verschiedene Fälle, nämlich Grundform und Genitiv. Der Genitiv wird durch Anhängen von -s gebildet. Dieses Genitivzeichen ist für Singular und Plural gleich. In der unbestimmten Form wird es direkt an das Wort angehängt, in der bestimmten Form wird es an den bestimmten Artikel angehängt.

	Singular		**Plural**	
	unbestimmt	**bestimmt**	**unbestimmt**	**bestimmt**
wer wem	blomma barn	blomman barnet	blommor barn	blommorna barnen
wessen	blomma**s** barn**s**	blomman**s** barnet**s**	blommor**s** barn**s**	blommorna**s** barnen**s**

Endet ein Wort bereits auf -s, -x oder -z, so wird kein weiteres -s mehr angefügt. Grundform und Genitiv sind dann gleich. In Texten findet man in diesem Fall häufig ein Apostroph bei Namen zur Kennzeichnung des Genitivs. Bei gewöhnlichen Substantiven (hus usw.) wird der Genitiv in der unbestimmten Form eher vermieden.

Lars bok	*Lars(ens) Buch*
Max' bil	*das Auto von Max, Max' Auto*

Orts-, Familien- und Firmennamen können, auch wenn sie nicht auf -s enden, in der Grundform Genitivbedeutung haben.

Uppsala domkyrka	*der Dom von Uppsala*
Mora knäckebröd	*Mora-Knäckebrot*

Geht der Genitiv einem Substantiv voraus, so kann nur der Genitiv den bestimmten Artikel haben. Im Schwedischen kommt der vorausgehende Genitiv häufig vor.

blommans färg	*die Farbe der Blume* (wörtl. *der Blume Farbe*)

In festen Wendungen und in einigen zusammengesetzten Wörtern sind noch alte Genitivformen erhalten.

hus till sal**u**	*Haus zu verkaufen* (wörtl.: *zum Verkauf*)
gå till hand**a**	*zur Hand gehen*
gat**u**kök	*Imbissstand* (wörtl.: *Straßenküche*)
barn**a**ögon	*Kinderaugen*

Auch bei Maß- und Zeitangaben findet sich häufig der Genitiv.

ett par timmars sömn	*ein paar Stunden Schlaf*
sjuttio meters djup	*siebzig Meter tief*
ett fem våningars hus	*ein Haus mit fünf Etagen*

4 Das Adjektiv (Eigenschaftswort)

Adjektive geben in der Regel eine Beschaffenheit an oder kennzeichnen eine charakteristische Eigenschaft des zugehörigen Substantivs. Das Schwedische unterscheidet wie das Deutsche zwischen starkem und schwachem Adjektiv. Das starke Adjektiv steht allein oder mit dem unbestimmten Artikel, im Schwedischen deshalb unbestimmte Form genannt (vgl. ein gute**r** Apfel). Das schwache Adjektiv steht mit dem bestimmten Artikel, im Schwedischen deshalb bestimmte Form genannt (vgl. der gut**e** Apfel).

Das starke Adjektiv (Die unbestimmte Form)

Das starke Adjektiv richtet sich in Geschlecht und Zahl nach dem zugehörigen Substantiv. Das starke Adjektiv hat drei Formen:

	Singular	Plural
Utrum	ohne Endung	-a
Neutrum	-t	-a

Anders als im Deutschen, wo das Adjektiv in prädikativer Stellung unveränderlich ist, stehen im Schwedischen die flektierten Formen auch in prädikativer Stellung.

Utrum (adj.) Utrum (präd.)	Jag ser en stor kyrka. Kyrkan är stor.	*Ich sehe eine große Kirche.* *Die Kirche ist groß.*
Neutrum (adj.) Neutrum (präd.)	Jag ser ett stor**t** hus. Huset är stor**t**.	*Ich sehe ein großes Haus.* *Das Haus ist groß.*
Plural (adj.) Plural (präd.) Plural (adj.) Plural (präd.)	Jag ser stor**a** kyrkor. Kyrkorna är stor**a**. Jag ser stor**a** hus. Husen är stor**a**.	*Ich sehe große Kirchen.* *Die Kirchen sind groß.* *Ich sehe große Häuser.* *Die Häuser sind groß.*

Auch Prädikatsergänzungen richten sich in Geschlecht und Zahl nach dem zugehörigen Substantiv.

Utrum	Hon målade stolen grön.	*Sie strich den Stuhl grün an.*
Neutrum	Han målar bordet gult.	*Er streicht den Tisch gelb an.*
Plural	De gjorde oss glada.	*Sie machten uns froh.*

In bestimmten Fällen kann das Adjektiv im Neutrum stehen, obwohl das Bezugswort offensichtlich Utrum ist oder im Plural steht.

Fisk är gott. Mjölk är hälsosamt. Nya skor skulle vara fint.	*Fisch ist gut.* *Milch ist gesund.* *Neue Schuhe wären schön.*

Diese Sätze lassen sich als Verkürzung von Sätzen erklären, in denen sich das Adjektiv nach *något* als Bezugswort bezieht und nicht auf das vorausgehende Substantiv.

Fisk är något gott.	*Fisch ist etwas Gutes.*
Mjölk är något hälsosamt.	*Milch ist etwas Gesundes.*
Nya skor skulle vara något fint.	*Neue Schuhe wären etwas Schönes.*

Einige Adjektive bilden unregelmäßige Formen. Bei der Bildung der Neutrum- und Pluralformen des Adjektivs sind folgende Regeln zu beachten:

a) Adjektive, die auf einem betonten Langvokal enden, erhalten im Neutrum Kurzvokal + tt.

Utrum	**Neutrum**	**Plural**	
ny	nytt	nya	*neu*
fri	fritt	fria	*frei*
blå	blått	blåa	*blau*

b) Einsilbige Adjektive, die auf einem Langvokal + t enden, erhalten im Neutrum Kurzvokal + tt.

Utrum	**Neutrum**	**Plural**	
vit	vitt	vita	*weiß*
våt	vått	våta	*nass*

c) Mehrsilbige Adjektive, die auf einem betonten Vokal + t enden, fügen im Neutrum kein weiteres t an.

Utrum	**Neutrum**	**Plural**	
absolut	absolut	absoluta	*absolut*

d) Adjektive, die auf einem Konsonant + t enden, fügen im Neutrum kein weiteres t mehr an.

Utrum	**Neutrum**	**Plural**	
intressant	intressant	intressanta	*interessant*
trött	trött	trötta	*müde*

e) Adjektive, die auf einem Langvokal + d enden, erhalten im Neutrum Kurzvokal + tt.

Utrum	**Neutrum**	**Plural**	
röd	rött	röda	*rot*

f) Adjektive, die auf einem Konsonanten + d enden, verändern im Neutrum dieses d zu t.

Utrum	Neutrum	Plural	
hård	hårt	hårda	*hart*

g) Adjektive, die auf unbetontem -en enden, verändern im Neutrum das n zu t, vor der Pluralendung fällt das e aus.

Utrum	Neutrum	Plural	
vaken mogen	vaket moget	vakna mogna	*wach* *reif*

h) Adjektive, die auf unbetontes -el, -er enden, verlieren vor der Pluralendung das e.

Utrum	Neutrum	Plural	
enkel vacker	enkelt vackert	enkla vackra	*einfach* *hübsch*

Das schwache Adjektiv (Die bestimmte Form)

Das schwache Adjektiv ist mit der Pluralform des starken Adjektivs identisch, es hat also für beide Geschlechter im Singular und im Plural nur eine Form auf -a.

Das schwache Adjektiv steht bei der bestimmten Form des Substantivs, in der Regel verbunden mit einem zusätzlichen freistehenden bestimmten Artikel (▶ Seite 29 f.). Zum Wegfall des freistehenden Artikels ▶ Seite 30.

	Singular	Plural
Utrum	den stor**a** kyrkan *die große Kirche*	de stor**a** kyrkor/husen *die großen Kirchen/Häuser*
Neutrum	det stor**a** huset *das große Haus*	

Im Singular wird bisweilen bei Substantiven (auch Namen), die männliche Personen bezeichnen, statt -a die alte männliche Form auf -e gebraucht. Für weibliche Personen wird immer die Endung -a gebraucht.

den lill**e**/lill**a** pojken	*der kleine Junge*
Kär**e** vän!	*Lieber Freund!*
Kär**a** vänninna!	*Liebe Freundin!*
Kär**e** Lars!	*Lieber Lars!*
Kär**a** Anna!	*Liebe Anna!*

Die Adjektive gammal *(alt)* und liten *(klein)*

Die Adjektive gammal und liten bilden besondere Formen.

		Singular	Plural
Utrum	stark (unbestimmt)	gammal liten	gamla små
	schwach (bestimmt)	gamla lilla	
Neutrum	stark (unbestimmt)	gammalt litet	
	schwach (bestimmt)	gamla lilla	

en gammal/liten bil	*ein altes/kleines Auto*
ett gammalt/litet hus	*ein altes/kleines Haus*
två gamla/små bilar/hus	*zwei alte/kleine Autos/Häuser*
den gamla/lilla bilen	*das alte/kleine Auto*
det gamla/lilla huset	*das alte/kleine Haus*
de gamla/små bilarna/husen	*die alten/kleinen Autos/Häuser*

Unveränderliche Adjektive

Einige Adjektive sind unveränderlich. Sie haben unabhängig davon, ob sie in Singular oder Plural, bestimmt oder unbestimmt gebraucht werden, immer dieselbe Form. Zu dieser Gruppe gehören

bra	*gut*	gratis	*kostenlos*
extra	*extra*	stackars	*arm, bedauernswert*
gammaldags	*altmodisch*	lagom	*genau richtig*
äkta	*echt*	u. a.	

Vi fick gratis material.	*Wir bekamen kostenloses Material.*
Böckerna är bra.	*Die Bücher sind gut.*
De stackars människorna!	*Die armen Leute!*
Det är en gammaldags åsikt.	*Das ist eine altmodische Ansicht.*

Substantivierter Gebrauch von Adjektiven

Adjektive und Partizipien (▶ Seite 81 ff.) können als Substantive gebraucht werden. In dieser Funktion erhalten sie zwar die Genitivendung -s des Substantivs, flektieren aber ansonsten wie Adjektive:

en bekant	*ein Bekannter/eine Bekannte*
två bekanta	*zwei Bekannte*
Både unga och gamla var glada.	*Jung und Alt waren fröhlich. (wörtl. Junge und Alte)*
den ordförandes uppgift	*die Aufgabe des/der Vorsitzenden*

Die Komparation (Steigerung) der Adjektive

Das Adjektiv hat neben dem Positiv (Grundstufe) die beiden Steigerungsstufen Komparativ (erste Steigerungsstufe) und Superlativ (zweite Steigerungsstufe). Die Formen werden zum Teil durch Anhängen von Endungen (synthetisch) gebildet, zum Teil (analytisch) durch das Voranstellen von mer(a) *(mehr)* und mest *(meist)* vor das Adjektiv.

Die meisten Adjektive bilden den Komparativ auf -are, den Superlativ auf -ast.

fin	fin**are**	fin**ast**	*fein*
billig	billig**are**	billig**ast**	*billig*

Adjektive, die auf unbetontem -el, -en, -er enden, verlieren das -e- vor den Endungen -are und -ast.

enkel	enklare	enklast	*einfach*
vacker	vackrare	vackrast	*hübsch*
mogen	mognare	mognast	*reif*

Einige Adjektive bilden den Komparativ auf -re, den Superlativ auf -st. Sie haben meist Umlaut.

ung	yngre	yngst	*jung*
tung	tyngre	tyngst	*schwer*
stor	större	störst	*groß*
grov	grövre	grövst	*grob*
låg	lägre	lägst	*niedrig*
lång	längre	längst	*lang*
trång	trängre	trängst	*eng*
få	färre		*wenige*
små	smärre		*klein, unbedeutend*
hög	högre	högst	*hoch*

Mehrsilbige Adjektive auf -sk, -isk und -ad, sowie die Partizipien werden mit mer(a) und mest gesteigert.

typisk	mera typisk	mest typisk	*typisch*
begåvad	mera begåvad	mest begåvad	*begabt*
förstående	mera förstående	mest förstående	*verständnisvoll*

Eine Reihe von Adjektiven wird unregelmäßig gesteigert.

dålig	sämre	sämst	*schlecht*
dålig	värre	värst	
god	bättre	bäst	*gut*
god	godare	godast	
gammal	äldre	äldst	*alt*
liten	mindre	minst	*klein*
många	fler(a)	flest	*viele*

Anmerkungen zur unregelmäßigen Steigerung:
sämre, sämst verwendet man, um anzugeben, dass jemand oder etwas weniger, am wenigsten gute Eigenschaften hat, also schlechter, am schlechtesten ist; värre, värst verwendet man, wenn jemand oder etwas mehr, am meisten schlechte Eigenschaften hat, also schlimmer, am schlimmsten ist. In der Umgangssprache kommt auch dåligare, dåligast vor, besonders wenn von schlechtem Gesundheitszustand die Rede ist.

Hon var sjuk i går.	*Sie war gestern krank.*
I dag är hon sämre.	*Heute geht es ihr schlechter.*
Han är den sämsta.	*Er ist der schlechteste (Leistung).*
Han är den värsta.	*Er ist der schlimmste (Störenfried).*

Godare, godast verwendet man nur in der Bedeutung *besser, am besten schmeckend* von Speisen und Getränken.

Brödet hemma är godare.	*Das Brot zu Hause ist/schmeckt besser.*

Einige Adjektive, die Platz oder Reihenfolge bezeichnen, haben ähnlich wie im Deutschen keine Positivform. Viele von ihnen haben als Superlativendung -erst, z. B.:

bakre	*hintere*	bakerst	*hinterste*
inre	*innere*	innerst	*innerste*
undre	*untere*	underst	*unterste*
förra	*vordere*	först	*vorderste*
u. a.			

Fjärran *(fern)* und nära *(nahe)* fügen in Komparativ und Superlativ ein -m- ein.

fjärran	fjärmare	fjärmast
nära	närmare	närmast

Komparationsformen werden wie im Deutschen vor allem zum Vergleich gebraucht. Das Vergleichswort heißt im Positiv som *(wie)* und im Komparativ än *(als)*.

Min syster är lika stor som du.	*Meine Schwester ist so groß wie du.*
Min bror är inte större en din.	*Mein Bruder ist nicht größer als deiner.*

Komparativ und Superlativ können auch ohne direkten Vergleich mit einem anderen Wort stehen. Man spricht dann von absolutem Gebrauch.

Det är enklast. en äldre dam	*Das ist am einfachsten.* *eine ältere Dame*

Eine graduelle Steigerung kann durch Wiederholung des Komparativs ausgedrückt werden.

större och större	*immer größer*

Bestimmte und unbestimmte Form beim gesteigerten Adjektiv

Der Komparativ hat diesselbe Form für Utrum und Neutrum, bestimmte und unbestimmte Form, Singular und Plural.

	Singular/Plural	
Utrum	en större kyrka den större kyrkan Kyrkan är större. större kyrkor de större kyrkorna Kyrkorna är större.	*eine größere Kirche* *die größere Kirche* *Die Kirche ist größer.* *größere Kirchen* *die größeren Kirchen* *Die Kirchen sind größer.*
Neutrum	ett större hus det större huset Huset är större. större hus de större husen Husen är större.	*ein größeres Haus* *das größere Haus* *Das Haus ist größer.* *größere Häuser* *die größeren Häuser* *Die Häuser sind größer.*

Bei der Steigerung mit mer(a) und mest behält das Adjektiv jeweils dieselbe Form, die es auch im Positiv hat:

en mera typisk kaka ett mera typiskt hus det mest typiska exemplet	*ein typischerer Kuchen* *ein typischeres Haus* *das typischste Beispiel*

Superlative auf -ast bilden die bestimmte Form auf -e, die Superlative auf -st und die unregelmäßigen Superlativformen bilden die bestimmte Form auf -a.

den närmaste familjen den minsta flickan	*die engste Familie* *das kleinste Mädchen*

Superlative, die die bestimmte Form auf -a bilden, können, wie auch die bestimmten Adjektive im Positiv, die Endung -e erhalten, wenn sie sich auf männliche Personen beziehen (▶ Seite 40).

min bästa vänninna min bäste vän	*meine beste Freundin* *mein bester Freund*

5 Das Adverb (Umstandswort)

Adverbien sind Bestimmungen zu einem Verb, zu einem Adjektiv, zu einem anderen Adverb oder zu einem ganzen Satz und modifizieren die Bedeutung. Adverbien sind unveränderlich. Man unterscheidet Adverbien nach ihrer Bedeutung:

1. Adverbien der Zeit: nu *(jetzt)*, sent *(spät)*, aldrig *(niemals)*
2. Adverbien des Ortes: där *(dort)*, hemma *(zu Hause)*, härifrån *(von hier)*
3. Adverbien der Art und Weise: ganska *(ziemlich)*, långsamt *(langsam)*, bra *(gut)*
4. Frageadverbien: hur (wie), när (wann), var (wo)

Anmerkungen zu den Ortsadverbien:

! Bei den folgenden Wortpaaren gibt das kürzere der beiden Adverbien jeweils die Richtung an (wohin?), das längere die Befindlichkeit (wo?).

fram	*nach vorne*	framme	*vorn*
hem	*nach Hause*	hemma	*zu Hause*
in	*hinein*	inne	*drinnen*
ner	*hinunter*	nere	*unten*
upp	*hinauf*	uppe	*droben*
ut	*hinaus*	ute	*draußen*

De går ut.	*Sie gehen hinaus.*
De är ute.	*Sie sind draußen.*

Bildung des Adverbs

Adverbien werden auf verschiedene Weisen gebildet.

a) In vielen Fällen wird die neutrale Form des Adjektivs als Adverb verwendet:

Utrum	Neutrum	Adverb	
sen	sen**t**	sen**t**	*spät*
riktig	rikti**gt**	rikti**gt**	*richtig*

Posten kommer sen**t**.	*Die Post kommt spät.*
en rikti**gt** svensk specialitet	*eine richtig schwedische Spezialität*

b) Adjektive auf -lig bilden das Adverb auch durch Anhängen von -en an die Utrum-Form oder durch Anhängen von -vis an die Neutrum-Form:

Utrum	Neutrum	Adverb	
trolig		trolig**en**	*wahrscheinlich*
	trolig**t**	trolig**tvis**	
möjlig		möjlig**en**	*möglich*
	möjlig**t**	möjlig**tvis**	

Hon kommer trolig**en** inte.	*Sie kommt wahrscheinlich nicht.*
Hon kommer möjlig**tvis.**	*Sie kommt möglicherweise.*

Adverbien auf -ligt sind häufig Adverbien der Art und Weise, Adverbien auf -ligen und -ligtvis sind Satzadverbien.

Du talar tydlig**t** med mig.	*Du sprichst deutlich mit mir.*
Du talar tydlig**en** med mig.	*Offenbar sprichst du mit mir.*

c) Auch das Partizip Präsens und die Neutrum-Form des Partizip Perfekt können als Adverbien verwendet werden.

Det är strålande vackert.	*Es ist strahlend schön.*
Jag tror bestäm**t** att ...	*Ich glaube bestimmt, dass ...*

d) Außerdem gibt es ursprüngliche Adverbien, wie z. B.

här	*hier*	alldeles	*ganz*
där	*dort*	genast	*sofort, gleich*
aldrig	*niemals*	ibland	*manchmal*

alldeles i närheten	*ganz in der Nähe*
Här känns det bättre.	*Hier fühlt es sich besser an.*

Die Komparation (Steigerung) der Adverbien

Adverbien, die von Adjektiven abgeleitet sind, können wie diese gesteigert werden (▶ Seite 42 ff.).

Han kommer sent. Han kommer senare. Han kommer senast.	*Er kommt spät.* *Er kommt später.* *Er kommt am spätesten.*

Auch einige der ursprünglichen Adverbien haben Steigerungsformen:

bra/väl	bättre	bäst
gut	*besser*	*am besten*
fort	fortare	fortast
schnell	*schneller*	*am schnellsten*
gärna	hellre	hellst
gerne	*lieber*	*am liebsten*
illa	sämre	sämst
schlecht	*schlechter*	*am schlechtesten*
illa	värre	värst
schlimm	*schlimmer*	*am schlimmsten*
mycket	mer(a)	mest
viel	*mehr*	*am meisten*
nära	närmare	närmast
nahe	*näher*	*am nächsten*
ofta	oftare	oftast
oft	*öfter*	*am häufigsten*

6 Die Pronomen (Fürwörter)

Personalpronomen (Persönliche Fürwörter)

Obwohl das Schwedische bei Substantiven nur die beiden Genera Utrum und Neutrum kennt, unterscheiden die Personalpronomen in der 3. Person Singular zusätzlich ein Pronomen für Personen im Maskulinum (männliches Geschlecht) und im Femininum (weibliches Geschlecht). Bei den Personalpronomen kommen nur zwei Kasus vor, der Subjektkasus (auf die Frage WER?) und der Objektkasus (auf die Fragen WEM? WEN?).

		Subjektkasus		**Objektkasus**	
Singular	1.	jag	*ich*	mig	*mir, mich*
	2.	du	*du*	dig	*dir, dich*
	Höflichkeitsform	Ni	*Sie*	Er	*Ihnen, Sie*
	3. nur Personen	han	*er*	honom	*ihm, ihn*
	3. nur Personen	hon	*sie*	henne	*ihr, sie*
	Utrum	den	*er, sie, es*	den	*ihm, ihn, ihr, sie, es*
	Neutrum	det	*er, sie, es*	det	*ihm, ihn, ihr, sie, es*
	reflexiv			sig	*sich*
Plural	1.	vi	*wir*	oss	*uns*
	2.	ni	*ihr*	er	*euch*
	Höflichkeitsform	Ni	*Sie*	Er	*Ihnen, Sie*
	3.	de	*sie*	dem	*ihnen, sie*
	reflexiv			sig	*sich*

Anmerkungen zur Aussprache:

1. Mig, dig, sig werden gewöhnlich als [mɛj], [dɛj], [sɛj] ausgesprochen. In Briefen, Zeitungstexten usw. findet man deshalb häufig auch die Schreibung mej, dej, sej.
2. De, dem werden meist [dɔm] ausgesprochen. Häufig werden sie deshalb auch dom geschrieben. In einigen Dialekten, vornehmlich in Südschweden, spricht man de als [di(:)] aus.

Anrede

Im Schwedischen verwendet man die Anrede du häufiger als *du* im Deutschen. Zu Freunden und Arbeitskollegen, in Schule und Universität sagt man im Allgemeinen immer du, normalerweise auch in Geschäften, beim Tanken usw. Ni kann wie das deutsche *Sie* als formelle Anrede für eine unbekannte (meist ältere) Person gebraucht werden. Traditionell gilt jedoch die Anrede in der 3. Person als höflicher, die vor allem von älteren Leuten und älteren Leuten gegenüber noch verwendet wird. Spricht man jemanden in der 3. Person an, so verwendet man den Titel der Person in der bestimmten Form oder den Titel in der unbestimmten Form und den Familiennamen.

Tror doktorn att det här kommer att bli långvarigt?	*Glauben Sie, Herr/Frau Doktor, dass das langwierig ist?* (wörtl.: *Glaubt der/die Doktor(in) ... sein wird?)*
Har professor Holm sett filmen?	*Haben Sie den Film gesehen, Herr/Frau Professor Holm?* (wörtl.: *Hat Professor(in) Holm ...?)*

han und hon

Früher verwendete man im Schwedischen normalerweise han und honom, wenn ein Substantiv im Utrum eine Person bezeichnete und es keine Rolle spielte, ob die Person ein Mann oder eine Frau war.

Varje talare skall prata tydligt, så att alla kan förstå **honom**.	*Jeder Redner muss deutlich sprechen, so dass ihn alle verstehen können.*

Inzwischen wird in solchen Fällen zunehmend statt nur des männlichen Pronomens das männliche und das weibliche Pronomen verwendet. In der gesprochenen Sprache verbindet man sie durch eller *(oder)*, in Texten häufig nur durch einen Schrägstrich.

Varje talare skall prata tydligt, så att man kan förstå **honom eller henne** (honom/henne).	*Jeder Redner/Jede Rednerin muss deutlich sprechen, so dass man ihn/sie verstehen kann.*

Da das Utrum das gemeinsame Geschlecht für männlich und weiblich ist, sind Formulierungen wie talaren ... han eller hon im Schwedischen grammatisch korrekt, während im Deutschen *der Redner ... er oder sie* nicht ohne weiteres akzeptiert wird.

Eine wichtige Ausnahme ist das Wort människa, das immer weiblich ist:

Det är varje människans plikt, att **hon** ...	*Es ist die Pflicht eines jeden Menschen, dass er ...* (keine Person weiblichen Geschlechts, trotzdem hon)

den und *det*

Den und det werden nur für Sachen verwendet. Den steht für Utrum-Wörter, det für Neutrum-Wörter.

Jag har fel på bilen, den kokar.	*An meinem Auto ist etwas kaputt, es kocht.*
Här är köket. Det är gammalt.	*Hier ist die Küche. Sie ist alt.*

Aber:

Här är barnet. Det är fem år gammalt.	*Hier ist das Kind.* *Es ist fünf Jahre alt.* (keine Sache, trotzdem det).

Det wird vielfach wie dt. *es/das* als unpersönliches Subjekt gebraucht.

1. Det steht mit Formen von vara *(sein)* + Adjektiv, Substantiv, Namen oder Pronomen.

Är det möjligt att betala med kort?	*Ist es möglich, mit Karte zu zahlen?*
Det är första gången.	*Es/das ist das erste Mal.*
Vem är det? Det är Lena.	*Wer ist es/das? Es/das ist Lena.*
Är det hon? Ja, det är hon.	*Ist sie das? Ja, sie ist es.*

2. Det steht in vielen unpersönlichen Ausdrücken.

Det finns ...	*Es gibt ...*
Det regnar igen.	*Es regnet wieder.*
Det ser ut som ...	*Es sieht aus, als ...*
Det tar lång tid.	*Es dauert lange.*
Det räcker med en liten bil.	*Ein kleines Auto reicht.* (wörtl: *Es reicht mit einem kleinen Auto.)*

3. Det steht beim unpersönlichen Passiv.

Det hörs.	*Man hört es.* (wörtl.: *Es wird gehört.)*
Det pratas så mycket om vädret.	*Es wird so viel über das Wetter geredet.*

4. Det steht als Vertreter eines folgenden Subjekts.

Det sitter bara en gäst i hela restaurangen.	*Es sitzt nur ein Gast im ganzen Restaurant.*
Det är skönt att sitta i solen	*Es ist schön, in der Sonne zu sitzen.*

5. Det steht, um einen Satz, meist eine Frage, bejahend oder verneinend wieder aufzugreifen. In dieser Verwendung hat det keine direkte Entsprechung im Deutschen.

Ar du trött? Ja, det är jag.	*Bist du müde?* *Ja.* (wörtl.: *Ja, das bin ich.*)
Ska vi ta kaffe? Ja, det gör vi.	*Sollen wir Kaffee nehmen?* *Ja.* (wörtl.: *ja, das tun wir.*)
Kan du komma? Ja, det kan jag.	*Kannst du kommen?* *Ja. Das kann ich machen.* (wörtl.: *Ja, das kann ich.*)
Behöver du hjälp? Nej, det gör jag inte.	*Brauchst du Hilfe?* *Nein, ich brauche keine.* (wörtl.: *Nein, das tue ich nicht.*)
Köpte du boken? Nej, det gjorde jag inte.	*Hast du das Buch gekauft?* *Nein, ich habe es nicht gekauft.* (wörtl.: *Nein, das tat ich nicht.*)

Possessivpronomen (Besitzanzeigende Fürwörter)

Die Possessivpronomen sagen aus, wem etwas gehört. Sie werden adjektivisch verwendet und haben wie das starke Adjektiv drei Formen: Utrum, Neutrum und Plural. Die Possessivpronomen haben als Subjekt und Objekt dieselbe Form. In Geschlecht und Zahl richten sie sich nach dem zugehörigen Substantiv.

1. und 2. Person

Besitz ▶	**Singular**			**Plural**	
Besitzer ▼	**Utrum**		**Neutrum**		
1. Ps. Sg.	min	*mein(e/s)*	mitt	mina	*meine*
2. Ps. Sg.	din	*dein(e/s)*	ditt	dina	*deine*
1. Ps. Pl.	vår	*unser(e/s)*	vårt	våra	*unsere*
2. Ps. Pl.	er	*euer(e/s)*	ert	era	*euere*
	Er	*Ihr(e/s)*	Ert	Era	*Ihre*

Wie das Adjektiv, so richtet sich das Possessivpronomen auch in prädikativer Stellung nach dem zugehörigen Substantiv.

Det är **min** bil.	*Das ist mein Auto.*
Bilen är **min**.	*Das Auto gehört mir.*
Det är **mitt** hus.	*Das ist mein Haus.*
Huset är **mitt**.	*Das Haus gehört mir.*
Det är **mina** bilar/hus.	*Das sind meine Autos/Häuser.*
Bilarna/Husen är **mina**.	*Die Autos/Die Häuser gehören mir.*

3. Person

In der dritten Person werden zwei Arten von Possessivpronomen unterschieden, je nachdem ob der Besitzer zugleich auch Subjekt des Satzes ist oder nicht. Ist der Besitzer zugleich Subjekt, so richtet sich das Pronomen in Geschlecht und Zahl nach dem Besitztum.

Besitz ▶	Singular			Plural	
Besitzer ▼	Utrum		Neutrum		
Sg. + Pl.	sin	*sein(e/s)* *ihr(e/s)*	sitt	sina	*ihre*

Han tar **sin** bil.	*Er nimmt sein (eigenes) Auto.*
Hon tar **sin** bil.	*Sie nimmt ihr (eigenes) Auto.*
Han tar **sitt** äpple.	*Er nimmt seinen Apfel.*
Hon tar **sitt** äpple.	*Sie nimmt ihren Apfel.*
Han tar **sina** böcker.	*Er nimmt seine Bücher.*
Hon tar **sina** böcker.	*Sie nimmt ihre Bücher.*

Ist der Besitzer nicht Subjekt des Satzes, so wird ein eigenes Pronomen verwendet, das sich in Geschlecht und Zahl nach dem Besitzer richtet.

Dessen und *deren* werden im Deutschen gelegentlich zur Verdeutlichung ähnlich verwendet:

Sie trafen ihre Freunde und ihre (= eigenen) Verwandten.
Sie trafen ihre Freunde und deren (= der Freunde) Verwandten.

Besitzer	Singular	männlich weiblich	hans hennes	*sein(e/s)* *ihr(e/s)*
		Utrum/Neutrum	dess	*sein(e/s, ihr(e/s)*
	Plural		deras	*ihre*

Hans bil är röd.	*Sein Auto ist rot.*
Hennes hus är blått.	*Ihr Haus ist blau.*
Dess (= bilens) färg är röd.	*Seine (des Autos) Farbe ist rot.*
Dess (= husets) färg är blå.	*Seine (des Hauses) Farbe ist blau.*
Deras bil är gammal.	*Ihr* (Pl.) *Auto ist alt.*

Feste Wendungen mit dess:

innan dess	*zuvor, vorher*
sedan dess	*seither*
dessutom	*außerdem*

Vergleich Subjekt als Besitzer und Subjekt nicht als Besitzer:

Lars använder **sin** bil. Eva använder **sin** bil. Lars använder **hans** bil. Eva använder **hans** bil. Lars använder **hennes** bil. Eva använder **hennes** bil. Lars använder **deras** bil. Eva använder **deras** bil.	*Lars benutzt sein (eigenes) Auto.* *Eva benutzt ihr (eigenes) Auto.* *Lars benutzt sein (Kalles) Auto.* *Eva benutzt sein (Kalles) Auto.* *Lars benutzt ihr (Lenas) Auto.* *Eva benutzt ihr (Lenas) Auto.* *Lars benutzt ihr (der Freunde) Auto.* *Eva benutzt ihr (der Freunde) Auto.*

Substantivierter Gebrauch

Ebenso wie die Adjektive (▶ Seite 41) können auch die Possessivpronomen substantiviert gebraucht werden. Sie haben dann die Bedeutung Familienangehörige, Verwandte und Sie kommen in der Grundform und im Genitiv vor. Im Genitiv wird nur -s an die Grundform angehängt.

de mina de dina de sina de våra	*die Meinen* *die Deinen* *die Seinen* *die Unseren*

Demonstrativpronomen (Hinweisende Fürwörter)

Die gebräuchlichsten Demonstrativpronomen sind den här und den där. Den här verwendet man für naheliegende Personen oder Dinge, den där für weiter entfernt befindliche Personen oder Dinge.

Utrum	Neutrum	Plural	
den här	det här	de här	*diese, -r, -s*
den där	det där	de där	*jene, -r, -s*

Diese Demonstrativpronomen können attributiv oder selbstständig gebraucht werden. Wenn sie attributiv gebraucht werden, so stehen Adjektiv und Substantiv danach in der bestimmten Form:

den här ny**a** bok**en** det här gaml**a** hus**et** de här fin**a** böcker**na**/hus**en**	*dieses neue Buch* *dieses alte Haus* *diese schönen Bücher/Häuser*
Den här boken har jag läst. **Den där** inte. **Det här** bordet är nytt. **Det där** bordet är gammalt. Jag vill inte ha **de här**, men **de där**.	*Dieses Buch habe ich gelesen.* *Jenes nicht.* *Dieser Tisch ist neu.* *Jener Tisch ist alt.* *Ich möchte nicht diese haben, sondern jene.*

Weiterhin können die Formen des freistehenden bestimmten Artikels als Demonstrativpronomen verwendet werden. Sie sind, wie auch im Deutschen der Artikel bei demonstrativem Gebrauch, immer betont.

	Utrum	**Neutrum**	**Plural**	
Subjekt	den	det	de	*der, die, das*
Objekt	den	det	de, dem	*der, die, das*

Den boken vill jag ha. **Det** bordet tycker jag om, **det** ska vi köpa i morgon. Hur många lägenheter finns det i **de** husen?	*Das Buch will ich haben.* *Der Tisch gefällt mir, den werden wir morgen kaufen.* *Wie viele Wohnungen gibt es in den Häusern?*

Die selbstständige Objektform heißt dem. (Zum Zumsammenfall von de und dem in der Aussprache ▶ S. 48.)

I **de** husen finns sju dörrar, men hur många det finns i **dem** vet jag inte.	*In den Häusern gibt es sieben Türen, aber wieviel es in denen gibt, weiß ich nicht.*

Eher schriftsprachlich sind folgende Formen. Sie werden allerdings auch in einigen Dialekten bevorzugt gebraucht.

Utrum	**Neutrum**	**Plural**	
denna	detta	dessa	*diese, -r, -s*

Nach denna usw. steht das Adjektiv in der bestimmten Form, das Substantiv in der unbestimmten:

denna stora båt detta stora hus dessa stora båtar/hus	*dieses große Schiff* *dieses große Haus* *diese großen Schiffe/Häuser*
Denna fråga kan ingen besvara. Vad säger du om detta? Dessa människor har jag aldrig sett.	*Diese Frage kann niemand beantworten.* *Was sagst du dazu?* *Diese Menschen habe ich nie gesehen.*

Utrum	**Neutrum**	**Plural**	
sådan	sådant	sådana	*solche, -r, -s*

Sådan usw. können attributiv und selbstständig gebraucht werden. Bei attributivem Gebrauch stehen sie im Singular mit dem unbestimmten Artikel und der unbestimmten Form des Adjektivs, im Plural ohne Artikel mit der Pluralform des Adjektivs. Umgangssprachlich verwendet man oft die Formen sån, sånt, såna.

Jag tar en sådan bakelse.	*Ich nehme so ein Törtchen.*
vid ett sådant tillfälle	*bei einer solchen Gelegenheit*
Hjortron är sådana gula bär.	*Multebeeren sind solche gelben Beeren.*
Sånt är livet.	*So ist das Leben.*

	Utrum	Neutrum	Plural	
attr.	samma			*der-, die-, dasselbe*
selbst.	densamma	detsamma	desamma	

Samma gebraucht man nur attributiv und ohne Artikel. Folgt ein Adjektiv, so steht dieses in der bestimmten Form. Densamma usw. gebraucht man nur selbstständig.

Vi har samma väg.	*Wir haben denselben Weg.*
samma långa väg	*derselbe lange Weg*
Vägen är densamma.	*Der Weg ist derselbe.*
Vi hade samma åsikt.	*Wir hatten die gleiche Ansicht.*
Svårigheterna är desamma.	*Die Schwierigkeiten sind die gleichen.*
Tack detsamma!	*Danke gleichfalls!*

Utrum	Neutrum	Plural	
dylik	dylikt	dylika	*derartige, -r, -s*

Dylik usw. kommt sowohl attributiv als auch selbstständig vor. Man verwendet diese Wörter eher im gehobenen Stil.

på dylikt sätt	*solchermaßen*
dylika metoder	*derartige Methoden*
o. dyl. (= och dylikt)	*u. Ä.* (und Ähnliches)
e. dyl. (= eller dylikt)	*o. Ä.* (oder Ähnliches)

Relativpronomen (Bezügliche Fürwörter)

Am häufigsten verwendet man das unveränderliche som. Wenn som nicht Subjekt des Satzes ist, kann es auch weggelassen werden.

boken (**som**) du gav mig	*das Buch, das du mir gegeben hast*
huset **som** är målat grönt	*das Haus, das grün angestrichen ist*
äpplena (**som**) vi köpte i går	*die Äpfel, die wir gestern gekauft haben*

! Vor som kann niemals eine Präposition stehen. Deshalb wird in Relativsätzen die Präposition an den Schluss des Satzes gestellt oder man benutzt statt som die flektierenden Relativpronomen vilken usw.

huset, (**som**) vi bor **i** huset, **i vilket** vi bor	*das Haus, in dem wir wohnen* (*dass.*, formeller Sprachgebrauch)

Vgl. engl.: the house (which) we live **in**
in which we live

Der Genitiv zu som heißt im Singular vars, im Plural vars oder vilkas. Die Genitivformen werden für beide Geschlechter verwendet. Sie kommen nur in der Schriftsprache vor.

	Singular	**Plural**
Grundform	som	
Genitiv	vars	vars, vilkas

boken, vars författare jag träffade i går	*das Buch, dessen Verfasser(in) ich gestern traf*
huset, vars ägare jag känner	*das Haus, dessen Eigentümer(in) ich kenne*
barnen vars/vilkas föräldrar var bortresta	*die Kinder, deren Eltern verreist waren*

Nur in formellerer Sprache (Behördensprache usw.) und in Verbindung mit Präpositionen verwendet man flektierende Relativpronomen, die sich in Geschlecht und Zahl nach dem Bezugswort richten.

	Utrum	**Neutrum**	**Plural**
Grundform	vilken	vilket	vilka
Genitiv	vilkens	vilkets	vilkas

Förhör har hållits med vittnet Olsson, vilken uppger ...	*Verhört wurde der Zeuge Olsson, der angibt ...*

Die flektierenden Relativpronomen verwendet man auch dann, wenn Unklarheit über das Bezugswort entstehen könnte. Bezieht sich der Relativsatz auf einen ganzen Satz, so wird als Pronomen vilket verwendet.

Författaren till detta verk, **som** alla talar om,	*Der Verfasser dieses Werks, über den/das alle sprechen*
Författaren till detta verk, **vilken** alla ...	*Der Verfasser dieses Werkes, über den ...*
Författaren till detta verk, **vilket** alla ...	*Der Verfasser dieses Werks, über das ...*
Jag tackade nej, **vilket** jag sedan fick ångra.	*Ich lehnte ab, was ich später bereute.*

Als Relativadverbien verwendet man unter anderem die folgenden Wörter:

där dit vari	*wo* *wohin* *worin*	varmed varifrån	*womit* *woher*

brevet **vari** hon skrev att ...	*der Brief, in dem sie schrieb, dass ...*
brevet **varmed** de tackade för besöket	*der Brief, mit dem sie für den Besuch dankten*
landet **varifrån** jag kommer	*das Land, aus dem ich komme*

Vor den Relativadverbien muss im Schwedischen kein Komma stehen.

Indefinitpronomen (Unbestimmte Fürwörter)

Indefinitpronomen bezeichnen eine unbestimmte Person oder Sache. Sie haben im Allgemeinen keine bestimmten Formen und stehen mit der unbestimmten Form von Adjektiv und Substantiv.

Utrum	Neutrum	Plural	
någon	något någonting	några	*(irgend)eine, -r, -s, etwas*

In der Umgangssprache verwendet man häufig die Kurzformen nån, nåt, nånting, nåra.

Har **någon** ringt mig?	*Hat mich jemand angerufen?*
något mera	*etwas mehr, noch etwas*
för **några** dagar sedan	*vor einigen Tagen*
Jag behöver **några** tior.	*Ich brauche ein paar Zehner.*
Har du kanske **några**?	*Hast du vielleicht welche?*
Har du **nåt** emot det?	*Hast du etwas dagegen?*

Någonting verwendet man alleinstehend oder mit einem substantivierten Adjektiv.

Har **någonting** hänt?	*Ist irgendetwas passiert?*
Någonting hemskt hände i dag.	*Heute ist etwas Schreckliches passiert.*

Schriftsprachlich gehoben in der Bedeutung *eine, -r, -s davon/von beiden* verwendet man endera und ettdera.

endera dagen	*einer der nächsten Tage*
Ettdera måste vara fel.	*Eins davon muss falsch sein.*

Utrum	Neutrum	Plural	
ingen	inget ingenting	inga	*keine, -r, -s, nichts*

Jag har **ingen** tid. Jag har **inget** hus. Jag har **inga** småpengar. **Ingenting** nytt har hänt.	*Ich habe keine Zeit.* *Ich habe kein Haus.* *Ich habe kein Kleingeld.* *Es ist nichts Neues passiert.*

Als Objekt können die Pronomen ingen usw. in der Regel nur in Hauptsätzen mit einfacher Zeit stehen. In Nebensätzen und bei zusammengesetzten Zeiten werden sie aufgelöst in inte *(nicht)* und die entsprechenden Formen von någon usw.

ingen:	inte ... någon
inget:	inte ... något
ingenting:	inte ... någonting
inga:	inte ... några

	Ingen har sett mig.
	Niemand (Subjekt) hat mich gesehen.
Jag tror att	**ingen** har sett mig.
Ich glaube,	*dass niemand mich gesehen hat. (Nebensatz)*
	De har **inget** hus.
	Sie haben kein Haus. (Objekt).
	De har **inte** haft **något** hus.
	Sie haben kein Haus gehabt. (zusammengesetzte Zeit)
Jag vet att	de **inte** har **något** hus.
Ich weiß,	*dass sie kein Haus haben. (Nebensatz)*

Bei der Aufspaltung in inte ... någon usw. kommt es u. U. zu Mehrdeutigkeit:

Han har **inte** läst **några** av sina böcker.	
1. *Er hat keines seiner Bücher gelesen.*	2. *Er hat einige seiner Bücher nicht gelesen.*

Schriftsprachlich gehoben in der Bedeutung *keine, -r, -s davon/von beiden* verwendet man ingendera und ingetdera.

Ingendera var hemma i tid.	*Keiner von ihnen war rechtzeitig zu Hause.*
ingendera delen	*keins von beiden, nichts davon*
Ingetdera har hänt.	*Nichts davon ist passiert.*

Das Indefinitpronomen man hat folgende Formen:

Subjekt	man	*man*
Objekt	en	*einem, einen*
Genitiv	ens	*eines*

man har sagt mig om fågeln ser **en** Banken växlar **ens** pengar.	*man hat mir gesagt* *wenn der Vogel einen sieht* *Die Bank wechselt einem* *(*wörtl.: *eines) Geld.*

Ist man Subjekt im Satz, so verwendet man die rückbezüglichen Possessivformen sin, sitt, sina (▶ Possessivpronomen Seite 51 ff.).

Man växlar **sina** pengar på banken.	*Man wechselt sein Geld auf der Bank.*

Formulierungen mit man sind häufig gleichbedeutend mit Passivkonstruktionen (Passiv ▶ Seite 79 ff.).

Frimärken kan **man** köpa/kan köpas i kiosken.	*Briefmarken kann man am Kiosk kaufen/können am Kiosk gekauft werden.*

Utrum	Neutrum	Plural	
var varje varenda	vart varje vartenda	– – –	*jede, -r, -s* *jede, -r, -s* *jede, -r, -s einzelne*

Mit Ausnahme von var, das sowohl alleinstehend als auch attributiv vorkommt, können diese Pronomen nur attributiv gebraucht werden.

var/varje människa vart/varje barn Varenda natt vaknar jag.	*jeder Mensch* *jedes Kind* *Jede Nacht wache ich auf.*

In Verbindung mit dem rückbezüglichen Possessivpronomen bedeutet var sin usw. soviel wie *pro Person*. Dieselbe Bedeutung hat var, wenn es allein nachsteht.

Vi ät **var** sitt äpple. Vi åt ett äpple **var**.	*Wir aßen jeder seinen/jede ihren Apfel.* *Wir aßen jede(r) einen Apfel.*

Utrum	Neutrum	Plural	
var och en	vart och ett	--	*jede, -r, -s einzelne*

Steht nach var och en, vart och ett ein Substantiv oder ein Pronomen, so steht dieses im Plural.

var och en av er **var och ett** av husen	*jede(r) Einzelne von euch* *jedes einzelne Haus* (wörtl.: *der Häuser)*

Wenn var och en allein steht in der Bedeutung *jede(r) einzelne, jeder Mensch*, kann auch ein Genitiv dazu gebildet werden.

Detta är var**s** och en**s** ensak.	*Das ist Angelegenheit jedes/jeder Einzelnen.*

Utrum	Neutrum	Plural	
varannan	vartannat	varandra	*jede, -r, -s zweite,* Pl. *einander*

Varandra kann nur alleinstehend gebraucht werden, die beiden anderen Formen attributiv oder alleinstehend. In der Umgangssprache hat varandra die Kurzform varann.

Varannan bil är för dyr. **Vartannat** hus är rött. De träffade **varandra**/**varann** för tre år sedan.	*Jedes zweite Auto ist zu teuer.* *Jedes zweite Haus ist rot.* *Sie trafen sich (= einander) vor drei Jahren.*

Jede, -r. -s dritte, vierte usw. bildet man mit var(t) + Ordnungszahl (▶ Seite 66 ff.), z. B. vart tredje, var fjärde.

Utrum	Neutrum	Plural	
annan	annat	andra	*andere, -r, -s*

Annan, annat, andra kann sowohl attributiv als auch alleinstehend verwendet werden. Folgendes Adjektiv und Substantiv stehen in der unbestimmten Form.

Jag vill ha en **annan** bok. Vi har inga **andra**. Vill du ha något **annat**?	*Ich möchte ein anderes Buch haben.* *Wir haben keine anderen.* *Möchtest du etwas anderes?*

Feste Wendungen:

varken det ena eller det andra bland annat (bl. a.)	*weder das eine noch das andere* *unter anderem* (u. a.)

Interrogativpronomen (Fragende Fürwörter)

Interrogativpronomen leiten direkte oder indirekte Fragesätze ein. Alleinstehend verwendet man:

vem vad	*wer* (Person) *was*

Alleinstehend oder attributiv verwendet man:

Utrum	**Neutrum**	**Plural**	
vilken	vilket	vilka	*welche, -r, -s*

Nach vilken usw. stehen Adjektiv und Substantiv in der unbestimmten Form.

Vem knackar på dörren? **Vad** säger du? **Vilka** har kommit? **Vilken** ny bok är bäst? **Vilket** hus har du köpt? **Vilka** böcker ska du köpa?	*Wer klopft an die Tür?* *Was sagst du?* *Welche sind gekommen?* *Welches neue Buch ist am besten?* *Welches Haus hast du gekauft?* *Welche Bücher wirst du kaufen?*

Vad kann umgangssprachlich in Fragen mit för nå(go)t oder för nå(go)nting erweitert werden.

Vad äter du **för något**? **Vad** gör du **för nånting**?	Was isst du denn? Was machst du denn?

Statt vilken usw. + Substantiv verwendet man in der Umgangssprache häufig vad + för + Substantiv, ähnlich wie dt. *was für ein*.

Vad har du för yrke? (= Vilket yrke har du?)	*Was für einen Beruf hast du?* *(= Welchen Beruf hast du?)*

Durch eine Erweiterung mit som helst können die Fragepronomen und andere Fragewörter unbestimmte Bedeutung wie Indefinitpronomen bekommen, z. B.:

Vem ska göra det? Vem **som helst**. Hur ska vi måla huset? Hur **som helst**.	*Wer soll das machen?* *Wer auch immer (= irgendjemand).* *Wie sollen wir das Haus anstreichen?* *Wie auch immer (= irgendwie, beliebig).*

Interrogativpronomen in indirekten Fragesätzen

Wenn ein Interrogativpronomen Subjekt im indirekten Fragesatz ist, muss man som hinzusetzen. Wenn das Interrogativpronomen Objekt des indirekten Fragesatzes ist, steht kein som.

Interrogativpronomen als Subjekt

Hauptsatz	Nebensatz
Vem kommer?	
Wer kommt?	
Vi vet inte	**vem som** kommer.
Wir wissen nicht,	*wer kommt.*
Vilket barn bor här?	
Welches Kind wohnt hier?	
Vi vet inte	**vilket** barn **som** bor här.
Wir wissen nicht,	*welches Kind hier wohnt.*

Interrogativpronomen als Objekt

Hauptsatz	Nebensatz
Vem träffade du i går?	
Wen trafst du gestern?	
Vi vet inte	**vem** du träffade i går.
Wir wissen nicht,	*wen du gestern trafst.*
Vilken bok har du köpt?	
Welches Buch hast du gekauft?	
Vi vet inte	**vilken** bok du har köpt.
Wir wissen nicht,	*welches Buch du gekauft hast.*

Übersicht über bestimmte und unbestimmte Form von Adjektiv und Substantiv nach gewissen Wörtern oder Konstruktionen:

1. Unbestimmtes Adjektiv + unbestimmtes Substantiv nach:

Utrum		Neutrum		Plural	
en ingen någon en annan en sådan vilken	fin bil	ett inget något ett annat ett sådant vilket	fint hus	två inga några andra sådana vilka många flera alla få	fina bilar fina hus

2. Bestimmtes Adjektiv + bestimmtes Substantiv nach:

Utrum		Neutrum		Plural	
den den här den där	fina bilen	det det här det där	fina huset	de de här de där	ina bilarna fina husen

Bei Erweiterung durch Relativsatz steht jedoch auch nach diesen Ausdrücken unbestimmtes Substantiv: den fina bil som försvann *(das tolle Auto, das verschwand)*.

3. Bestimmtes Adjektiv + unbestimmtes Substantiv nach:

Utrum		Neutrum		Plural	
min hennes mannens Evas denna	fina bil	mitt hennes mannens Evas detta	fina hus	mina hennes mannens Evas dessa	fina bilar fina hus

7 Die Numeralien (Zahlwörter)

	Grundzahlen	Ordnungszahlen
0	noll	
1	en, ett	första
2	två	andra
3	tre	tredje
4	fyra	fjärde
5	fem	femte
6	sex	sjätte
7	sju	sjunde
8	åtta	åttonde
9	nio	nionde
10	tio	tionde
11	elva	elfte
12	tolv	tolfte
13	tretton	trettonde
14	fjorton	fjortonde
15	femton	femtonde
16	sexton	sextonde
17	sjutton	sjuttonde
18	arton	artonde
19	nitton	nittonde
20	tjugo	tjugonde
21	tjugoen, tjugoett	tjugoförsta
22	tjugotvå	tjugoandra
	usw.	usw.
30	trettio	trettionde
40	fyrtio	fyrtionde
50	femtio	femtionde
60	sextio	sextionde
70	sjuttio	sjuttionde
80	åttio	åttionde
90	nittio	nittionde
100	(ett)hundra	(ett)hundrade
101	(ett)hundraen, -ett	(ett)hundraförsta
	usw.	usw.
1000	(ett)tusen	tusende
1001	(ett)tusenen, -ett	(ett)tusenförsta
	usw.	usw.
2000	två tusen	tvåtusende
	usw.	usw.

1.000.000	en miljon
2.000.000	två miljoner
1.000.000.000	en miljard
2.000.000.000	två miljarder
1.000.000.000.000	en biljon (en miljon miljoner)

Anmerkung zur Aussprache der Zahlwörter:

Meist spricht man für nio und tio [ˇniːə] und [ˇtiːə] statt [ˇniːu], [ˇtiːu]. Weiterhin sagt man tjugo [ˇçʉːgə], tjugotvå [çʉːtvoː], trettio [ˈtrɛti]. Man findet auch die Schreibungen tretti, femti usw. Die Grundzahlen von 30 bis 90 haben Akzent 1. Die entsprechenden Ordnungszahlen haben Akzent 2 (▶ Seite 11 ff.).

Grundzahlen

Außer en, das die Neutrumform ett hat, flektieren die Grundzahlen nicht.

en buss	*ein Bus*
ett hus	*ein Haus*
Vi har tre barn.	*Wir haben drei Kinder.*
Jag växlade 200 Euro.	*Ich wechselte 200 Euro.*
Varsågod, 1000 kronor.	*Bitte sehr, 1000 Kronen.*

Zu den Grundzahlen von 1 bis einschließlich 12 können auch Substantive gebildet werden. Diese Substantive sind Utrum-Wörter.

Utrum	Neutrum	Plural	
en etta	ettan	ettor	*Eins*
en tvåa	tvåan	tvåor	*Zwei*
en fya	fyran	fyror	*Vier*
en tolva	tolvan	tolvor	*Zwölf*

Die substantivierten Zahlen

a) stehen für die konkreten Ziffern:

Dina ettor ser ut som sjuor.	*Deine Einer sehen wie Siebener aus.*

b) stehen als Bezeichnung für Münzen oder Geldscheine:

en femma	*ein Fünfkronenstück*
en tia	*ein Zehnkronenstück*

Aber

en femtilapp	*ein Fünfzigkronenschein*
en hundralapp	*ein Hundertkronenschein*

c) geben die Größe einer Wohnung an:

en etta	*eine Einzimmerwohnung*
en tvåa	*eine Zweizimmerwohnung*
en trea	*eine Dreizimmerwohnung*

d) bezeichnen feste Nummerierungen bei Verkehrsmitteln, Betrieben u. a.:

Har 3:an kommit?	*Ist die (Linie) 3 schon da?*
Han ligger på femman.	*Er liegt auf der (Station) 5.*

Durch Zusammensetzung der Grundzahlen mit -tal bildet man Substantive mit der Bedeutung *etwa eine Anzahl von*.

ett hundratal människor	*rund hundert Menschen*
ett tusental studenter	*etwa tausend Studenten/Studentinnen*

Mit -tal wird auch die Bezeichnung der Jahrhunderte oder Jahrzehnte gebildet. Die Jahrhunderte erhalten im Schwedischen, anders als im Deutschen, ihren Namen nach den Hundertern, mit denen sie anfangen.

på 1900-talet	*im 20. Jahrhundert*
på sextiotalet	*in den sechziger Jahren*

Durch Zusammensetzungen mit -tals werden Substantive gebildet mit der Bedeutung *mehrfach die genannte Zahl*.

hundratals människor	*Hunderte von Menschen*
tusentals studenter	*Tausende von Studenten/Studentinnen*

Ordnungszahlen

Die Ordnungszahlen flektieren nicht. Nur första und andra können wie Adjektive (▶ Seite 40) statt auf -a auf -e enden, wenn sie sich auf Wörter für männliche Personen im Singular beziehnen. Ordnungszahlen geben den Rang in einer Reihenfolge an. Sie können substantivisch und adjektivisch gebraucht werden.

Eva heter den första dottern, Lena den andra.	*Eva heißt die erste Tochter, Lena die zweite.*
Lars är den förste sonen, Bo den andre.	*Lars ist der erste Sohn, Bo der zweite.*
författarens fjärde bok	*das vierte Buch des Verfassers/ der Verfasserin*

Verwendung der Ordnungszahlen

1. Ordnungszahlen stehen (ohne Punkt!) bei Datumsangaben, dabei stehen Datumsangaben immer ohne Präposition.

Det hände den 7 juli.	*Es geschah am 7. Juli.*
Jag är född den 3 januari.	*Ich bin am 3. Januar geboren.*

2. Sie stehen bei Königen, Päpsten u.a. zur Angabe der zeitlichen Folge.

Sveriges kung heter Carl XVI Gustaf. (lies: Carl den sextonde Gustaf)	*Der König von Schweden heißt Carl XVI. Gustaf.*

3. Bei Zeitangaben geben Ordnungszahlen die Geschehenshäufigkeit an.

var tionde minut	*alle zehn Minuten* (wörtl.: *jede zehnte Minute)*
vart tredje år	*jedes dritte Jahr*

(Zu varannan, vartannat ▶ Indefinitpronomen Seite 60.)

Zeitangaben, Brüche und anderes

Klockan är		*Es ist*
5.00	fem	*fünf Uhr*
5.05	fem över fem	*fünf nach fünf*
5.15	kvart över fem	*viertel nach fünf*
5.30	halv sex	*halb sechs*
5.45	kvart i sex	*viertel vor sechs*
5.50	tio i sex	*zehn vor sechs*

! Vor Zeitangaben steht keine Präposition.

Tåget går 18.30. (lies: arton och trettio)	*Der Zug geht (um)18.30 Uhr.*

Die meisten Brüche bildet man mit der Ordnungszahl, an die -del *(Teil)* oder Pl. -delar, angehängt wird.

$1/3$	en tredjedel	*ein Drittel*
$1/4$	en fjärdedel	*ein Viertel*
$2/5$	två femtedelar	*zwei Fünftel*
$3/6$	tre sjättedelar	*drei Sechstel*

Aber:

$1/2$	en halv, ett halvt	*ein halb*
$1/100$	en hundradel	*ein Hundertstel*
$1/1000$	en tusendel	*ein Tausendstel*

Wiederholungszahlen sind:

en gång *einmal*	två gånger *zweimal*	tre gånger *dreimal*

Vervielfältigungszahlen sind:

enkel	*einfach*
tvådubbel	*doppelt*
tredubbel	*dreifach*

Die Funktion der deutschen Zahladverbien übernehmen die präpositionalen Ausdrücke:

för det första	*erstens*
för det andra	*zweitens*
för det tredje	*drittens*

8 Das Verb (Zeitwort)

Allgemeines

Starke und schwache Verben

Wie im Deutschen teilt man die Verben im Schwedischen in starke und schwache Verben ein. Starke Verben (manche nennen sie unregelmäßige Verben) verändern in der Vergangenheit und/oder im Partizip Perfekt (Mittelwort der Vergangenheit) den Stammvokal (Stamm = Wort – Endung). Diese Erscheinung nennt man Ablaut.

	Infinitiv	**Präteritum**	**Partizip Perfekt**
schwedisch	skriva	skrev	skrivit
deutsch	*schreiben*	*schrieb*	*geschrieben*

Schwache Verben (manchmal auch regelmäßige Verben genannt) haben in allen Formen denselben Stammvokal und bilden die Vergangenheit durch eine Endung.

	Infinitiv	**Präteritum**	**Partizip Perfekt**
schwedisch	resa	res**te**	res**t**
deutsch	*reisen*	*reis**te***	*gereis**t***

Finite und infinite Verbformen

Man unterscheidet zwei Gruppen von Verbformen:

1. Finite Formen: haben Personalendungen. Das Schwedische kennt für alle Personen in Singular und Plural nur eine Endung.
2. Infinite Formen: haben keine Personalendungen. Zu den infiniten Formen zählen

Infinitiv	måla	*malen*
Partizip Präsens	målande	*malend*
Partizip Perfekt	målad	*gemalt*

Anmerkung:

Dem deutschen Begriff Partizip Perfekt entsprechen in der schwedischen Grammatik traditionell zwei Begriffe: Die zur Zeitenbildung verwendete Form nennt man in der schwedischen Grammatik in der Regel supinum, nur die adjektivischen Formen heißen dort perfekt particip.

In Anlehnung an die deutsche Grammatik wird hier auf die Bezeichnung Supinum verzichtet. Die adjektivischen Formen des Partizip Perfekt werden auf Seite 81 eigens behandelt.

Einfache und zusammengesetzte Zeiten

Man unterscheidet einfache und zusammengesetzte Zeiten. Einfache Zeiten sind: Präsens (Gegenwart) und Präteritum (Vergangenheit). Ihre Bildung wird bei den einzelnen Konjugationen behandelt. Zusammengesetzte Zeiten sind Perfekt (vollendete Gegenwart), Plusquamperfekt (vollendete Vergangenheit), Futur (Zukunft) und Konditional (Bedingungsform).

Die Bildung der zusammengesetzten Zeiten

Perfekt	har		+ Part. Perf.
	= Präsens von ha(va)		
	jag, du, han, hon, det, vi, ni, de har målat		
	ich habe gemalt, du hast gemalt usw.		
Plusquamperfekt	hade		+ Part. Perf.
	= Präteritum von ha(va)		
	jag, du ... usw. hade målat		
	ich hatte gemalt, du hattest gemalt usw.		
Futur	ska(ll)	+ Infinitiv	
	= Präsens von skola		
	jag ska måla		
	ich werde malen usw.		
Konditional I	skulle	+ Infinitiv	
	= Präteritum von skola		
	jag skulle måla		
	ich würde malen usw.		
Konditional II	skulle	+ ha	+ Part. Perf.
	= Präteritum von skola, Infinitiv von ha(va)		
	jag skulle ha målat.		
	ich würde gemalt haben usw.		

Die Konjugationen (Beugungen)

Es gibt im Schwedischen vier Grundmuster, Verben zu beugen. Diese verschiedenen Muster nennt man Konjugationen. Man unterscheidet drei schwache (1.–3.) und die starke (4.) Konjugation. Eigene Muster bilden die unregelmäßigen Verben und die Hilfsverben. Zunächst werden die Formen im Indikativ Aktiv dargestellt.

1. Konjugation

In der ersten Konjugation ist der Stamm = dem Infinitiv. An den Stamm hängt man im Präsens die Endung -r, im Präteritum die Endung -de und im Partizip Perfekt die Endung -t. In Wörterbüchern ist diese Konjugation häufig durch die Flexionsangabe -ade, -at nach dem Infinitiv gekennzeichnet.

Beispielwort: **måla** *malen, anstreichen*
Stamm: **måla-**

Präsens	jag, du, han, hon, det, vi, ni, de	målar	*ich male* *du malst* usw.
Präteritum	jag, du, han, hon, det, vi, ni, de	målade	*ich malte* *du maltest* usw.
Perfekt	jag, du, han, hon, det, vi, ni, de	har målat	*ich habe gemalt* *du hast gemalt* usw.

2. Konjugation

In der zweiten Konjugation ist der Stamm = dem Infinitiv ohne -a. In dieser Konjugation unterscheidet man zwei Untergruppen nach der Endung im Präteritum.

a) An den Stamm hängt man im Präsens die Endung -er, im Präteritum die Endung -de und im Partizip Perfekt die Endung -t. In Wörterbüchern sind diese Verben häufig durch die Flexionsangabe -de, -t nach dem Inifinitiv gekennzeichnet.

Beispielwort: **stänga** *schließen*
Stamm: **stäng-**

Präsens	jag stänger	*ich schließe*
Präteritum	jag stängde	*ich schloss*
Perfekt	jag har stängt	*ich habe geschlossen*

Einige Besonderheiten dieser Verben:

- Wenn der Stamm auf Langvokal + -r oder -l endet, erhält das Verb im Präsens keine Endung:

köra tåla	kör tål	*fahren* *vertragen*	*fährt* *verträgt*

- Wenn der Stamm auf -nd endet, geht das -d vor den Endungen im Präteritum und im Partizip Perfekt verloren:

tända – tände – tänt	*anzünden – zündete an – angezündet*

- Wenn der Stamm auf einem Vokal + d endet, wird dieses -d vor der Endung des Partizip Perfekt zu -t-:

råda råddе rått	*raten riet geraten*

b) An den Stamm hängt man im Präsens die Endung -er, im Präteritum die Endung -te und im Partizip Perfekt die Endung -t. Zu dieser Gruppe gehören Verben, deren Stamm auf -p, -t, -k oder -s endet sowie einige, deren Stamm auf -n oder -l endet. In Wörterbüchern sind diese Verben häufig durch die Flexionsangaben -te, -t nach dem Infinitiv gekennzeichnet.

Beispielwort: **köpa** *kaufen*
Stamm: **köp-**

Präsens	jag köper	*ich kaufe*
Präteritum	jag köpte	*ich kaufte*
Perfekt	jag har köpt	*ich habe gekauft*

Einige Besonderheiten dieser Verben:

- Wenn der Stamm auf einem Konsonanten + t endet, geht dieses -t im Präteritum und im Partizip Perfekt verloren:

smälta – smälte – smält	*schmelzen – schmolz – geschmolzen*

- Einige dieser Verben bilden auch Formen nach der 1. Konjugation, z. B.

spela – spelte/spelade – spelt/spelat	*spielen – spielte – gespielt*

Ebenso

koka, låna, tala	*kochen, leihen, sprechen* u.a.

3. Konjugation

In der dritten Konjugation ist der Stamm = der Infinitiv. An den Stamm hängt man im Präsens die Endung -r, im Präteritum die Endung -dde und im Partizip Perfekt die Endung -tt an. In Wörterbüchern sind diese Verben häufig durch die Flexionsangaben -dde, -tt gekennzeichnet.

Beispielwort: **sy** *nähen*
Stamm: **sy-**

Präsens	jag syr	*ich nähe*
Präteritum	jag sydde	*ich nähte*
Perfekt	jag har sytt	*ich habe genäht*

4. Konjugation

In der vierten Konjugation ist der Stamm Infinitiv ohne -a, wenn der Infinitiv auf -a endet. Endet der Infinitiv auf einem anderen Vokal, so ist der Stamm = der Infinitiv. Die erste Gruppe hat im Präsens die Endung er, die zweite hat die Endung -r. Generelle Regeln zur Präteritumbildung oder zur Bildung des Partizip Perfekt können nicht gegeben werden. Die Formen müssen für jedes Verb gelernt werden.

Beispielwort:	**skriva**	*schreiben*
Stamm:	**skriv-**	

Präsens	jag skriver	*ich schreibe*
Präteritum	jag skrev	*ich schrieb*
Perfekt	jag har skrivit	*ich habe geschrieben*

Beispielwort:	**gå**	*gehen*
Stamm:	**gå-**	

Präsens	jag går	*ich gehe*
Präteritum	jag gick	*ich ging*
Perfekt	jag har gått	*ich bin gegangen*

Übersicht über die starken Verben

Infinitiv	Präsens	Präteritum	Part. Perf.	
be(dja)	ber	bad	bett	*bitten*
binda	binder	band	bundit	*binden*
bita	biter	bet	bitit	*beißen*
bjuda	bjuder	bjöd	bjudit	*bieten*
brinna	brinner	brann	brunnit	*brennen*
brista	brister	brast	brustit	*fehlen, bersten*
bryta	bryter	bröt	brutit	*brechen*
bära	bär	bar	burit	*tragen*
draga	dra(ge)r	drog	dragit	*ziehen*
dricka	dricker	drack	druckit	*trinken*
driva	driver	drev	drivit	*treiben*
dö	dör	dog	dött	*sterben*
falla	faller	föll	fallit	*fallen*
finna	finner	fann	funnit	*finden*
flyga	flyger	flög	flugit	*fliegen*
flyta	flyter	flöt	flutit	*fließen*
frysa	fryser	frös	frusit	*frieren*
försvinna	försvinner	försvann	försvunnit	*verschwinden*

Infinitiv	Präsens	Präteritum	Part. Perf.	
giva	giver, ger	gav	givit	*geben*
gjuta	gjuter	göt	gjutit	*gießen*
glida	glider	gled	glidit	*gleiten*
gnida	gnider	gned	gnidit	*reiben*
gripa	griper	grep	gripit	*greifen*
gråta	gråter	grät	gråtit	*weinen*
gå	går	gick	gått	*gehen*
hugga	hugger	högg	huggit	*hauen*
hålla	håller	höll	hållit	*halten*
kliva	kliver	klev	klivit	*gehen, steigen*
klyva	klyver	klöv	kluvit	*spalten*
knipa	kniper	knep	knipit	*kneifen*
knyta	knyter	knöt	knutit	*knüpfen*
komma	kommer	kom	kommit	*kommen*
le	ler	log	lett	*lachen*
lida	lider	led	lidit	*leiden*
ligga	ligger	låg	legat	*liegen*
ljuda	ljuder	ljöd	ljudit	*tönen, lauten*
ljuga	ljuger	ljög	ljugit	*lügen*
låta	låter	lät	låtit	*lassen*
njuta	njuter	njöt	njutit	*genießen*
nysa	nyse	nös, nyste	nyst	*niesen*
rida	rider	red	ridit	*reiten*
riva	river	rev	rivit	*reißen, reiben*
se	ser	såg	sett	*sehen*
sitta	sitter	satt	suttit	*sitzen*
sjunga	sjunger	sjöng	sjungit	*singen*
sjunka	sjunker	sjönk	sjunkit	*sinken*
skina	skiner	sken	skinit	*scheinen*
skjuta	skjuter	sköt	skjutit	*schießen*
skrika	skriker	skrek	skrikit	*schreien*
skriva	skriver	skrev	skrivit	*schreiben*
skära	skär	skar	skurit	*schneiden*
slita	sliter	slet	slitit	*abnutzen*
sluta	sluter	slöt	slutit	*schließen*
slå	slår	slog	slagit	*schlagen*
snyta	snyter	snöt	snutit	*schneuzen*
sova	sover	sov	sovit	*schlafen*
spinna	spinner	spann	spunnit	*spinnen*
spricka	spricker	sprack	spruckit	*bersten, platzen*
sprida	sprider	spred, spridde	spridit, spritt	*verbreiten*

Infinitiv	Präsens	Präteritum	Part. Perf.	
springa stiga stjäla strida stryka stå svida	springer stiger stjäl strider stryker står svider	sprang steg stal stred strök stod sved	sprungit stigit stulit stridit strukit stått svidit	*laufen* *steigen* *stehlen* *streiten* *bügeln* *stehen* *brennen, schmerzen*
ta(ga) tiga tvinga	ta(ge)r tiger tvingar	tog teg tvang, tvingade	tagit tigit tvungit, tvingat	*nehmen* *schweigen* *zwingen*
vika vinna vrida växa	viker vinner vrider växer	vek vann vred växte	vikit vunnit vridit vuxit, växt	*weichen* *gewinnen* *winden* *wachsen*
äta	äter	åt	ätit	*essen*

Unregelmäßige Verben

Die unregelmäßigen Verben haben im Allgemeinen verschiedene Vokale in Präsens und Präteritum, flektieren aber sonst wie die schwachen Verben (▶ dt. *bringen, brachte, gebracht*).

Beispielwort: **göra** *machen*
Stamm: **gör-**

Präsens	jag gör	*ich mache*
Präteritum	jag gjorde	*ich machte*
Partizip Perfekt	jag har gjort	*ich habe gemacht*

Zu den adjektivischen Formen des Partizip Perfekt ▶ Seite 81 f.

Übersicht über die unregelmäßigen Verben

Infinitiv	Präsens	Präteritum	Part. Perf.	
dölja	döljer	dolde	dolt	*verbergen*
glädja	gläd(j)er	gladde	glatt	*freuen*
göra	gör	gjorde	gjort	*machen, tun*
heta	heter	hette	hetat	*heißen*
lägga	lägger	lade	lagt	*legen*
skilja	skiljer	skilde	skilt	*trennen*
smörja	smörjer	smorde	smort	*schmieren*
spörja	spörjer	sporde	sport	*fragen*

Infinitiv	Präsens	Präteritum	Part. Perf.	
stödja	stöd(j)er	stödde	stött	*stützen*
säga	säger	sa(de)	sagt	*sagen*
sälja	säljer	sålde	sålt	*verkaufen*
sätta	sätter	satte	satt	*setzen*
veta	vet	visste	vetat	*wissen*
välja	väljer	valde	valt	*wählen*
vänja	vänjer	vande	vant	*gewöhnen*

Pluralformen

In älteren Texten findet man gelegentlich noch die bis ins 20. Jhdt. gebräuchlichen Pluralformen der Verben. Im Präsens waren sie gleichlautend mit dem Infinitiv.

vi måla, stänga, köpa, sy, skriva, göra
wir malen, schließen, kaufen, nähen, schreiben, machen
(heute nur vi målar *wir malen* usw.)

Eigene Präteritumformen des Plurals gab es nur in der 4. Konjugation. Dazu wurde die Endung -o an den Stamm angehängt, der bei einigen Verben denselben Vokal, wie das Präteritum und bei anderen denselben Vokal wie das Partizip hatte. Solche Formen findet man z. B. noch in Volksliedern.

vi gingo, sprungo, togo
wir gingen, sprangen, nahmen
(heute **nur** sprang, tog usw.)

Hilfsverben und Modalverben

Hilfsverben stehen gemeinsam mit dem Infinitiv oder dem Partizip eines anderen Verbs. Hilfsverben sind die Verben, die zur Zeitenbildung verwendet werden. Modalverben modifizieren die Art und Weise des Geschehens, sie drücken eine subjektive Einstellung oder die Meinung der Sprechenden aus. Nach Hilfsverben und Modalverben steht nie das Infinitivkennzeichen att.

Übersicht über die Hilfsverben und Modalverben

Infinitiv	Präsens	Präteritum	Part. Perf.	
bli(va)	blir	blev	blivit	*werden, bleiben*
böra	bör	borde	bort	*sollen, müssen*
ha(va)	har	hade	haft	*haben*
kunna	kan	kunde	kunnat	*können*
–	lär	–	–	*sollen*
–	måste	måste	måst	*müssen*
–	må	måtte	–	*mögen*
skola	ska(ll)	skulle	skolat	*sollen, werden*
vara	är	var	varit	*sein*
vilja	vill	ville	velat	*wollen*
–	–	torde	–	*sollen, können*

bli(va)
verwendet man zur Passivbildung (▶ Seite 79f.).

Jag blev tillkallad.	*Ich wurde herbeigerufen.*

böra
verwendet man zum Ausdruck der Zweckmäßigkeit, Möglichkeit, Annahme.

Du borde läsa den här boken. Det borde fungera.	*Du solltest dieses Buch hier lesen.* *Das müsste funktionieren (es ist wohl möglich).*

ha(va)
verwendet man zur Zeitenbildung (▶ Seite 69f.).

Jag har läst boken. Jag hade läst boken.	*Ich habe das Buch gelesen.* *Ich hatte das Buch gelesen.*

kunna
drückt die Möglichkeit oder die Fähigkeit aus, etwas zu tun.

Jag kan simma. Jag kunde inte komma.	*Ich kann schwimmen (habe es gelernt).* *Ich konnte nicht kommen (es kam mir etwas dazwischen).*

lär
drückt eine Annahme von Hörensagen aus.

Det lär vara en bra bok.	*Das soll ein gutes Buch sein (habe ich sagen hören).*

måste
drückt Pflicht oder Notwendigkeit aus, gelegentlich auch Wahrscheinlichkeit.

Ni måste absolut komma. Det måste vara Lena som ringer.	*Ihr müsst unbedingt kommen.* *Es muss (wahrscheinlich) Lena sein, die anruft.*

må
drückt einen Wunsch oder, mit Verneinung, ein Verbot aus.

Kungen må leva! Må ej röras.	*Es lebe der König!* *Berühren verboten.* (wörtl.: *Darf nicht berührt werden.*)

skola
verwendet man zur Bildung von Futur und Konditional (▶ Seite 69).
Als Modalverb bedeutet ska

a) Pflicht oder Notwendigkeit

Du ska komma i tid.	*Du musst pünktlich kommen.*

b) dasselbe wie lär

Det ska vara en bra bok.	*Es soll ein gutes Buch sein.*

c) Wahrscheinlichkeit

Det ska bli regn i morgon.	*Morgen regnet es (wahrscheinlich).*

få (4. Konjugation)
bedeutet als Vollverb bekommen, als Hilfsverb drückt es aus

a) eine Erlaubnis bzw. ein Verbot

Får man röka här? Nej, det får man inte.	*Darf man hier rauchen?* *Nein, das darf man nicht.*

b) eine Notwendigkeit oder einen Zwang

Jag fick betala hundra kronor.	*Ich musste hundert Kronen bezahlen.*

c) den Beginn einer Wahrnehmung in folgenden Wendungen mit anderen Verben (keine echte Modalbedeutung)

få höra få se få veta	*zu hören bekommen* *erblicken* *zu wissen bekommen, erfahren*

låta (4. Konjugation)
bedeutet als Vollverb *lassen*, als Hilfsverb drückt es aus

a) eine Erlaubnis

Jag lät honom få boken.	*Ich ließ ihn das Buch haben.*

b) eine Veranlassung

Vi lät renovera lägenheten.	*Wir ließen die Wohnung renovieren.*

tänka (2. Konjugation)
bedeutet als Vollverb *denken*, als Hilfsverb drückt es eine Absicht aus.

Jag tänker gå klockan fem.	*Ich habe vor, um fünf Uhr zu gehen.*

orka (1. Konjugation)
bedeutet als Vollverb *vermögen, bewältigen*, als Hilfsverb drückt es das Vermögen aufgrund physischer oder psychischer Kraft aus.

Jag orkar inte jobba övertid.	*Ich kann keine Überstunden machen.*

Der Imperativ (Befehlsform)

Der Imperativ ist immer gleich dem Stamm (▶ Seite 68 ff.).

	Infinitiv	Imperativ	
1. Konjugation	baka	baka!	*back!*
2. Konjugation a)	stänga	stäng!	*schließ!*
b)	läsa	läs!	*lies!*
3. Konjugation	sy	sy!	*näh!*
4. Konjugation	springa	spring!	*lauf!*
	gå	gå!	*geh!*
Unregelmäßige	göra	gör!	*mach!*

Tala högre!	*Sprich lauter!*
Gå fortare!	*Geh schneller!*
Gör det inte!	*Tu es nicht!*
Var snäll och ...	*Bitte* (wörtl.: *Sei so nett und ...)*
Hjälp mig är du snäll.	*Hilf mir bitte.*

Der Konjunktiv

Im heutigen Schwedisch ist der Konjunktiv kaum mehr gebräuchlich. Konjunktiv Präsens kommt vor allem noch in der Rechtssprache und in festen Redewendungen vor. Bei Verbstämmen, die auf einem betonten Vokal enden, hat der Konjunktiv keine Endung, er ist formal identisch mit Imperativ und Infinitiv. Die anderen Verben fügen ein -e an den Stamm an.

Leve han!	*Er lebe (hoch)!*
Tillkomme ditt rike.	*Dein Reich komme.*
Gud ske lov!	*Gott sei Dank (Lob)!*
Tro det den som vill.	*Das glaube, wer will.*

Im Präteritum kommen bis ins 20. Jhdt. noch die Konjunktivformen der starken Verben und der Hilfsverben in Texten vor. Sie haben als Endung -e. Nur die Konjunktivform vore wird heute noch neben den Indikativformen in Wunsch- oder Bedingungssätzen gebraucht.

Om jag vore/var rik, skulle jag resa till Paris varje vecka.	*Wenn ich reich wäre, würde ich jede Woche nach Paris reisen.*

! Der Konjunktiv steht nie in der indirekten Rede!

Hon säger att hon har tid.	*Sie sagt, dass sie Zeit habe/hätte.*

Das Passiv (Leideform)

Im Schwedischen gibt es ein einfaches und ein zusammengesetztes Passiv. Das einfache Passiv oder s-Passiv wird nach folgendem Schema durch Anhängen von -s an die Aktivformen der Verben gebildet.

1.	Dörren *Die Tür* Fönstret *Das Fenster* Dörrarna *Die Türen*	målas. *wird/werden angestrichen.*	målades. *wurde/n angestrichen.*	har målats. *ist/sind angestrichen worden.*
2. a)	Dörren *Die Tür* Fönstret *Das Fenster* Dörrarna *Die Türen*	stängs. *wird/werden geschlossen.*	stängdes. *wurde/n geschlossen.*	har stängts. *ist/sind geschlossen worden.*
2. b)	Mjölken *Die Milch* Brödet *Das Brot* Böckerna *Die Bücher*	köps. *wird/werden gekauft.*	köptes. *wurde/n gekauft.*	har köpts. *ist/sind gekauft worden.*
3.	Klänningen *Das Kleid* Förklädet *Die Schürze* Klänningarna *Die Kleider*	sys. *wird/werden genäht.*	syddes. *wurde/n genäht.*	har sytts. *ist/sind genäht worden.*
4.	Boken *Das Buch* Brevet *Der Brief* Böckerna *Die Bücher*	skrivs. *wird/werden geschrieben.*	skrevs. *wurde/n geschrieben.*	har skrivits. *ist/sind geschrieben worden.*

Entsprechend werden auch Plusquamperfekt und Futur gebildet.

Dörren skall målas.	*Die Tür wird angestrichen werden.*
Boken hade skrivits.	*Das Buch war geschrieben worden.*
usw.	

Das zusammengesetzte Passiv wird mit den Formen von bli(va) *(werden)* oder vara *(sein)* + dem adjektivischen Partizip Perfekt gebildet. Das Passiv mit bli hebt die Handlung als solche hervor (Vorgangspassiv), das Passiv mit vara hebt den durch die Handlung erreichten Zustand oder das Ergebnis hervor (Zustandspassiv).

Bilen blev stulen.	*Das Auto wurde gestohlen.*
Bilen var stulen.	*Das Auto war gestohlen.*

Zur Verwendung des s-Passivs:

a) Das s-Passiv wird als echtes Passiv verwendet, wenn unbekannt oder unwesentlich ist, wer die Handlung ausführt.

Det påstås att ...	*Es wird behauptet, dass ...*

Das schwedische Passiv entspricht häufig aktivischen Sätzen mit *man*.

Hörs trafiken mycket här på natten?	*Hört man den Verkehr hier nachts sehr?*

Der Urheber einer Handlung im Passiv wird durch av angegeben.

Tavlan målades av en kvinna.	*Das Bild wurde von einer Frau gemalt.*

b) Das s-Passiv kann reziproke (rückbezügliche) Bedeutung haben.

Det var trevligt att träffas. Vi ses sällan numera.	*Es war nett, sich (einander) zu treffen.* *Wir sehen uns derzeit selten.*

c) Einige Verben sind sogenannte Deponentien, d. h. sie haben passivische Form, aber aktivische Bedeutung. Diese Verben kann man nicht ins Passiv setzen, man muss dann andere Verben verwenden. Deponentien flektieren wie aktive Verben im s-Passiv.

andas	*atmen*	låtsas	*tun als ob*
finnas	*existieren*	minnas	*sich erinnern*
hoppas	*hoffen*	trivas	*sich wohlfühlen*
lyckas	*gelingen*	åldras	*alt werden, altern*

Jag hoppas att du kommer igen. När man inandas ...	*Ich hoffe, dass du wiederkommst.* *Wenn man einatmet ...*

Infinite Verbformen

Der Infinitiv

Mit wenigen Ausnahmen endet der Infinitiv (Grundform; Form, unter der das Verb im Wörterbuch steht) aller Verben auf -a: måla *(malen)*, läsa *(lesen)*, sjunga *(singen)*. Vor den alleinstehenden Infinitiv setzt man das Infinitivkennzeichen *att:* att måla, att läsa usw.

Das Partizip Präsens (Mittelwort der Gegenwart)

Das Partizip Präsens wird gebildet:

a) durch Anhängen von -ende an den Stamm, wenn der Stamm auf betonten Vokal endet (3. Konjugation und gewisse Verben der 4. Konjugation):

Infinitiv	Stamm	Partizip	
gå (4) tro (3)	gå- tro-	gående troende	*gehend* *glaubend*

b) durch Anhängen von -ande an alle anderen Stämme, unbetontes -a als Stammauslaut der 1. Konjugation fällt allerdings aus.

Infinitiv	Stamm	Partizip	
leka (2b) tala (1)	lek- tala-	lekande talande	*spielend* *sprechend*

Außer in einigen festen Ausdrücken (z. B. vara till finnandes – *zu finden sein*) ist das Partizip Präsens immer aktivisch und wird adjektivisch, substantivisch und als Adverb gebraucht.

a) Adjektivischer Gebrauch
Als Adjektiv gebraucht ist das Partizip unveränderlich. Es kann mit mer(a) und mest gesteigert werden (▶ Seite 42).

ett motsvarande belopp lekande barn	*ein entsprechender Betrag* *spielende Kinder*

b) Substantivischer Gebrauch
Als Substantive können Partizipien nach der 4. oder 5. Deklination flektieren. Nach der 4. Deklination flektieren solche mit abstrakter Bedeutung.

en studerande (5) ett öppnande (4)	*ein(e) Studierende(r)* *eine Eröffnung*

c) Als Adverb ist das Partizip unveränderlich.

Han såg bedjande på henne. Hon spelar strålande. ett förbluffande bra resultat	*Er sah sie bittend an.* *Sie spielt glänzend.* *ein verblüffend gutes Resultat*

Dem Partizip Präsens in Verbindung mit den Verben komma *(kommen)*, gå *(gehen)* und bli *(bleiben)* entsprechen im Deutschen in der Regel der Infinitiv oder das Partizip Perfekt.

De går sjungande.	*Sie gehen und singen.*
Hon kommer springande.	*Sie kommt gelaufen* (wörtl.: *kommt laufend).*
Hon blev sittande.	*Sie blieb sitzen* (wörtl.: *blieb sitzend).*

Das Partizip Perfekt (Mittelwort der Vergangenheit)

Um das Partizip Perfekt zu bilden, hängt man die Endung -d oder -t an den Stamm der schwachen Verben, deren Stamm auf unbetontes -a oder Konsonant endet (1. und 2. Konjugation). Dabei haben Verben, die im Präteritum -de haben, die Endung -d; die Verben, die -te haben, bekommen die Endung -t. Bei Verben, deren Stamm auf betonten Vokal endet (3. Konjugation), hängt man die Endung -dd an. Bei den starken Verben (4. Konjugation) hängt man die Endung -en an den Stamm, dabei sind Vokalveränderungen möglich (▶ Übersicht über die starken Verben Seite 72 ff.). Die unregelmäßigen Verben haben -d.

Die so gebildeten Formen sind die Utrum-Formen des adjektivischen Partizip Perfekt.

Übersicht über die Formen des Partizip Perfekt

	Utrum	Neutrum	Plural = best. Form	
1.	målad	målat	målade	*gemalt, -e, -er, -es*
2. a)	stängd	stängt	stängda	*geschlossen* usw.
2. b)	köpt	köpt	köpta	*gekauft* usw.
3.	sydd	sytt	sydda	*genäht* usw.
4.	skriven	skrivet	skrivna	*geschrieben* usw.
	gjord	gjort	gjorda	*gemacht* usw.
unregelmäßig	vald	valt	valda	*gewählt* usw.

Zur Bildung des Perfekts (▶ Seite 69) wird – außer in der 4. Konjugation – die Neutrum-Form des Partizip Präteritum gebraucht.

Stolen är målad. Huset är målat. Stolarna/husen är målade.	*Der Stuhl ist gestrichen.* *Das Haus ist gestrichen.* *Die Stühle/Häuser sind gestrichen.*

Aber

Jag har målat stolen/huset/ stolarna/husen.	*Ich habe den Stuhl/das Haus/ die Stühle/die Häuser gestrichen.*

Dörren är stängd. Fönstret är stängt. Dörrarna/Fönstren är stängda.	*Die Tür ist geschlossen.* *Das Fenster ist geschlossen.* *Die Türen/Fenster sind geschlossen.*

Aber

Jag har stängt dörren/fönstret/ dörrarna/fönstren.	*Ich habe die Tür/das Fenster/ die Türen/die Fenster geschlossen.*

Bilen är köpt. Huset är köpt. Bilarna/Husen är köpta.	*Das Auto ist gekauft.* *Das Haus ist gekauft.* *Die Autos/Häuser sind gekauft.*

Aber

Jag har köpt bilen/huset/bilarna/ husen.	*Ich habe das Auto/das Haus/ die Autos/die Häuser gekauft.*

Klänningen är sydd. Förklädet är sytt. Klänningarna/Förklädena är sydda.	*Das Kleid ist genäht.* *Die Schürze ist genäht.* *Die Kleider/Schürzen sind genäht.*

Aber

Jag har sytt klänningen/förklädet/ klänningarna/förklädena.	*Ich habe das Kleid/die Schürze/ die Kleider/die Schürzen genäht.*

Boken är skriven. Brevet är skrivet. Böckerna/Breven är skrivna.	*Das Buch ist geschrieben.* *Der Brief ist geschrieben.* *Die Bücher/Briefe sind geschrieben.*

Aber

Jag har skrivit boken/brevet/ böckerna/breven.	*Ich habe das Buch/den Brief/* *die Bücher/die Briefe geschrieben.*

Läxan är gjord. Arbetet är gjort. Läxorna/Arbeten är gjorda.	*Die Hausaufgabe ist gemacht.* *Die Arbeit ist gemacht.* *Die Hausaufgaben/Arbeiten sind gemacht.*

Aber

Jag har gjort läxan/arbetet/ läxorna/arbeten	*Ich habe die Aufgabe/die Arbeit/* *die Aufgaben/die Arbeiten gemacht.*

Auch wenn das Partizip als Apposition, d. h. als Beifügung, nachgestellt wird, stimmt es in Geschlecht und Zahl mit dem Bezugswort überein.

På gatan vimlade det av människor, klädda i färgstarka folkdräkter.	*Auf der Straße wimmelte es von Menschen, gekleidet in farbenfrohe Trachten.*

Anmerkung:

Die bestimmte Form des Partizips steht, wie das schwache Adjektiv (▶ Seite 40) bei der bestimmten Form des Substantivs, also:

en målad stol den målade stolen	*ein gestrichener Stuhl* *der gestrichene Stuhl*

Die Verwendung von Präteritum und Perfekt

Zeitangaben in der Vergangenheit stehen im Schwedischen im Allgemeinen im Präteritum.

Vi tog en lång promenad.	*Wir machten einen langen Spaziergang.*

Im Deutschen entspricht dem schwedischen Präteritum, besonders in der Umgangssprache, häufig das Perfekt.

Jag köpte mig en bok i går. Vi satte oss och beundrade utsikten. Vad gjorde du i går?	*Ich habe mir gestern ein Buch gekauft.* *Wir setzten uns und haben die Aussicht bewundert.* *Was hast du gestern gemacht?*

Das Präteritum steht weiterhin in spontanen Äußerungen, die im Deutschen immer mit dem Präsens stehen.

Det var synd. Det var bra att du kom. Det var fantastiskt gott. Det var bra att jag träffade dig.	*Das ist schade.* *Es ist gut, dass du gekommen bist.* *Das ist fantastisch gut.* *Wie gut, dass ich dich treffe!*

Das Perfekt gebraucht man, wenn die in der Vergangenheit begonnene Handlung oder ein Zustand, der in der Vergangenheit angefangen hat, in der Gegenwart andauert (ähnlich wie das *present perfect* im Englischen). Im Deutschen kann man es häufig mit *schon* + Präsens wiedergeben.

Har du bott här länge? Hur länge har du läst svenska?	*Wohnst du schon lange hier?* *Wie lange studierst du (schon) Schwedisch?*

Präteritum und Perfekt im Vergleich:

Jag bodde här i tre år (för många år sedan). Jag har bott här i tre år.	*Ich wohnte drei Jahre hier (vor vielen Jahren).* *Ich wohne (schon) drei Jahre hier.*

Reflexive (Rückbezügliche) Verben

Reflexive Verben sind solche Verben, bei denen dieselbe Person Subjekt und Objekt ist. Sie werden mit den Objektformen der Personalpronomen (▶ Seite 48 f.) verbunden, dabei kann in der 3. Person nur sig stehen.

Vi förlovade oss förra året. De gifte sig i går.	*Wir verlobten uns letztes Jahr.* *Sie heirateten gestern.*

Reflexiver und nicht reflexiver Gebrauch im Vergleich:

Hon tvättade sig. Hon tvättade henne.	*Sie wusch sich.* *Sie wusch sie* (z. B. die Tochter).

Zusammengesetzte Verben

Man unterscheidet zwischen trennbaren und nicht trennbaren Zusammensetzungen.

a) Nicht trennbare Zusammensetzungen werden mit folgenden Präfixen (Vorsilben) gebildet: an-, be-, er-, för-, här-, miss-, sam-, um-, und-, van-, å-; z. B.

betala erhålla	*bezahlen* *erhalten*	missförstå samarbeta	*missverstehen* *zusammenarbeiten*

Kan vi få betala? Du har missförstått mig.	*Können wir zahlen?* *Du hast mich missverstanden.*

b) Andere Verben haben trennbare Verbzusätze. d.h. im Partizip Präsens und im Partizip Perfekt sind diese Zusätze wie Präfixe (Vorsilben) fest mit dem Verb verbunden. In den übrigen Formen des Verbs stehen sie getrennt nach. Wenn sie getrennt nachstehen, erhalten sie die Satzbetonung.

Jag tycker 'om kräftor.	*Ich mag Krebse.*
Kräftor är mycket omtyckta i Sverige.	*Krebse sind in Schweden sehr beliebt.*
stiga på tåget (Präposition)	*in den Zug steigen*
stiga 'på (Verbzusatz)	*einsteigen*
Nypåstigna?	*Jemand neu zugestiegen?*

c) Manche Verben sind bisweilen fest, bisweilen trennbar mit dem Verbzusatz verbunden. Dabei hat die trennbare Zusammensetzung manchmal eine konkrete, die nicht trennbare eine übertragene Bedeutung.

Hon bröt av en kvist.	*Sie brach einen Zweig ab.*
Hon avbröt samtalet.	*Sie brach das Gespräch ab.*

d) Manche Verben haben unterschiedliche Bedeutung, je nachdem, ob der Verbzusatz trennbar oder nicht trennbar ist: *wir setzen über – wir übersetzen*.

Hon avgick med pension.	*Sie trat in den Ruhestand.*
Bordsbenet gick av.	*Das Tischbein ging ab.*

Transitive und intransitive Verben

Transitive Verben sind solche Verben, die ein Objekt nach sich haben, intransitive Verben haben kein Objekt. Verben sind entweder

a) nur transitiv, z.B. köpa;

Jag köper en bok.	*Ich kaufe ein Buch.*

b) nur intransitiv, z.B. vakna;

Jag vaknade klockan 7.	*Ich wachte um 7 Uhr auf.*

c) transitiv oder intransitiv, z.B. sluta (mit unterschiedlicher Konjugation).

Jag slutar klockan 5.	*Ich mache um 5 Schluss.*
Jag sluter ögonen.	*Ich schließe die Augen.*

Es gibt zahlreiche Verbpaare mit verwandtem oder sogar gleichem Stamm, bei denen das eine Verb transitiv, das andere intransitiv ist.

transitiv		**intransitiv**	
lägga	*legen*	ligga	*liegen*
ställa	*stellen*	stå	*stehen*
sänka	*senken*	sjunka	*sinken*
sätta	*setzen*	sitta	*sitzen*

9 Präpositionen (Verhältniswörter)

Präpositionen sind unveränderliche Wörter, die meist vor einem Substantiv oder einem Pronomen in Objektform stehen. Nur wenige umrahmen ein Substantiv oder Pronomen im Genitiv. Präpositionen sind in der Regel im Satz unbetont (▶ aber zusammengesetzte Verben b) Seite 84 f.). Man unterscheidet die Präpositionen nach ihrer äußeren Form:

a) einfache Präpositionen:

av i	*von, aus* *in*	på u.a.	*auf*

Hon läser på universitetet.	*Sie studiert an der Universität.*
Det beror på vädret.	*Es hängt vom Wetter ab.*
Kom före klockan 5!	*Komm vor 5 Uhr!*
Bordet är av trä.	*Der Tisch ist aus Holz.*

b) zusammengesetzte Präpositionen:

framför	*vor*	ovanpå	*obenauf*
innanför	*innerhalb*	omkring	*um ... herum*
utanför	*außerhalb*	bredvid	*neben*
ovanför	*oberhalb*	bortifrån	*weg von*
nedanför	*unterhalb*		

De stod framför huset.	*Sie standen vor dem Haus.*
Han stod bredvid henne.	*Er stand neben ihr.*

c) mehrwortige Präpositionen:

i stället för	*statt*
med anledning av	*anlässlich*
på grund av	*aufgrund*
till följd av	*infolge*
vid sidan av	*außer*
i fråga om	*betreffs*
med hänsyn till	*hinsichtlich*
med undantag av	*mit Ausnahme von*
från och med	*seit einschließlich*
till och med	*bis einschließlich*
Hon gick i stället för mig.	*Sie ging statt meiner.*
med anledningen av dagen	*anlässlich des Tages*
vid sidan av huset	*neben dem Haus*

Bei folgenden Ausdrücken wird das Substantiv oder Pronomen von den beiden Teilen der Präposition umrahmt:

för tre år sedan	*vor drei Jahren*
för hennes skull	*um ihrer willen, wegen ihr*

d) Formen aus anderen Wortklassen, die als Präpositionen gebraucht werden:

angående	*betreffend*	enligt	*gemäß*
beträffande	*betreffend*	jämte	*neben*
oavsett	*ungeachtet*	medelst	*mittels*

enligt min åsikt	*meiner Ansicht nach*
angående brevet från ...	*den Brief von/vom ... betreffend*

Ihrer Bedeutung nach kann man die Präpositionen in vier grobe Gruppen einteilen. Viele Präpositionen haben jedoch unterschiedliche Bedeutungen, je nachdem, in welchem Kontext sie gebraucht werden. Dieselbe Präposition kann dann sowohl räumliche als auch zeitliche als auch ursächliche Beziehungen angeben.

Oft bestimmt das vorausgehende Verb oder Adjektiv, welche Präposition verwendet werden muss. Deshalb ist es am sinnvollsten, die Präpositionen, mit denen sich Verben und Adjektive verbinden lassen, immer mitzulernen, z. B. interessera sig för något *(sich für etwas interessieren)*, aber *vara* interesserad av något *(an etwas interessiert sein)*. Der richtige Gebrauch der Präpositionen ist, wie im Deutschen auch, häufig eine Frage von Nuancen.

Ort, Raum, Richtung

bakom	*hinter*	mellan	*zwischen*
bland	*zwischen, unter*	mot	*gegen*
efter	*hinter (... her)*	omkring	*um ... herum*
framför	*vor*	på	*auf, an*
från	*von, aus*	till	*nach, zu*
före	*vor ... her*	under	*unter*
genom	*durch*	utom	*außerhalb*
hos	*bei*	vid	*bei, an*
i	*in*	åt	*in Richtung auf*
inom	*innerhalb, in*	över	*über*
längs	*entlang*		

Jag ska åka till Stockholm.	*Ich werde nach Stockholm fahren.*
Jag kommer från Uppsala.	*Ich komme aus Uppsala.*
mellan jul och nyår	*zwischen Weihnachten und Neujahr*
bland gästerna var	*unter den Gästen war(en)*
utom synhåll	*außer Sichtweite*
Huset ligger vid havet.	*Das Haus liegt am Meer.*

Zeit

efter	*nach*	mot	*gegen*
från	*von*	om	*nach Ablauf von*
före	*vor*	på	*an, während*
i	*während, an*	sedan	*seit*
innan	*bevor*	till	*bis*
inom	*binnen*	under	*während*
mellan	*zwischen*	vid	*um*

Efter en stund gick hon.	*Nach einer Weile ging sie.*
jobba från 8 till 5	*von acht bis fünf Uhr arbeiten*
Jag reser om en vecka.	*Ich reise in einer Woche.*
under 1800-talet	*während des 19. Jahrhunderts*
I jul reser vi till Paris.	*Diese Weihnachten fahren wir nach Paris.*
I julas var vi i Prag.	*Letzte Weihnachten waren wir in Prag.*
i söndags	*letzten Sonntag*
på söndagarna	*sonntags*
på söndag	*kommenden Sonntag*

På und i verwendet man zur Angabe einer Zeitdauer, dabei verwendet man på, wenn der Satz inte enthält.

Jag har bott här i två är.	*Ich wohne seit zwei Jahren hier.*
Vi hade inte sett dem på två år.	*Ich hatte sie zwei Jahre lang nicht gesehen.*

Art und Weise, Mittel, Material

av	*aus*	med	*mit*
efter	*nach*	på	*auf*
enligt	*gemäß*	under	*unter*
för	*für*	utan	*ohne*
genom	*durch*	vid	*bei*
i	*in*		

Det består av två delar.	*Es besteht aus zwei Teilen.*
Det är gjort för hand.	*Es ist von Hand gemacht.*
betala med kort	*mit Karte zahlen*
kaffe utan socker	*Kaffee ohne Zucker*
på svenska	*auf Schwedisch*
tack för hjälpen	*danke (für die Hilfe)*

Ursache, Zweck

av efter för om	*aus, von* *nach* *um, zu* *um*	på till över	*auf, zu* *zu, auf* *über*

De skakade av rädsla.	*Sie zitterten vor Furcht.*
av en slump	*aus Zufall*
Jag blev glad över boken.	*Ich freute mich über das Buch.*
spela om pengar	*um Geld spielen*
Vi var bjudna på fest.	*Wir waren zum Fest eingeladen.*

Bisweilen drückt eine Konstruktion mit Präposition auch ein Genitivverhältnis aus. Auch im Deutschen steht der Genitiv *Evas Auto* neben dem Präpositionalausdruck *das Auto von Eva*. Im Schwedischen werden zu diesem Zweck gewöhnlich die Präpositionen för, i, på, till, vid und över gebraucht. So entsprechen sich bedeutungsmäßig husets tak *(das Dach des Hauses)* und taket på huset *(das Dach auf dem Haus)*. Weitere Beispiele:

en god vän till mig	*ein(e) gute(r) Freund(in) von mir*
en karta över Sverige	*eine Karte von Schweden*
målet för vår resa	*das Ziel unserer Reise*

Die Präposition av *(von)* kommt in dieser Funktion nur ganz selten vor, z.B.

drottningen av Danmark	*die Königin von Dänemark*

Zur Stellung der Präposition im Relativsatz mit som ▶ Seite 55 f.

! Anmerkung zur Aussprache:
Wenn nach einer Präposition die Objektform eines Personalpronomens folgt, so wird im Allgemeinen die Präposition betont. Das Pronomen ist nur dann betont, wenn es besonders hervorgehoben werden soll.

Jag har inga pengar 'på mig.	*Ich habe kein Geld bei mir.*
Jag skrev till 'dig.	*Dir habe ich geschrieben.*

10 Konjunktionen (Bindewörter)

Man unterscheidet zwei Gruppen von Konjunktionen:

Unterordnende Konjunktionen

Die unterordnenden Konjunktionen leiten Nebensätze (NS) ein. Im Schwedischen haben die Nebensätze dieselbe Wortfolge wie Hauptsätze (HS), während im Deutschen das finite (gebeugte) Verb ans Ende des Nebensatzes gestellt wird.

HS		Jag	**har**	mycket tid.
		Ich	*habe*	*viel Zeit.*
NS	Jag vet,	att jag	**har**	mycket tid.
	Ich weiß,	*dass ich*	*viel Zeit*	***habe.***

Der Nebensatz kann vor oder nach dem Hauptsatz stehen. Steht der Nebensatz davor, so verändert sich die Stellung von Subjekt und Prädikat (▶ Satzglieder, Seite 95) im Hauptsatz genau wie im Deutschen.

Vi bodde på landet, då jag var liten. Då jag var liten, **bodde vi** på landet.	*Wir wohnten auf dem Land, als ich klein war.* *Als ich klein war, wohnten wir auf dem Land.*

Ihrer Form nach kann man die unterordnenden Konjunktionen in drei Gruppen einteilen:

a) Einfache Konjunktionen:

att	*dass*	an	*als*
som	*wie*	innan	*bevor*
om	*ob, wenn*	medan	*während*
då	*als*	sedan	*seit(dem)*
när	*wenn, als*	fast	*obwohl*

Eine Reihe dieser Wörter kann auch eine andere Funktion haben, z. B. als Präposition, Infinitivkennzeichen u.a.

Jag har hört **att** brödet här är bakat på sirap.	*Ich habe gehört, dass das Brot hier mit Sirup gebacken wird.*
om vädret är bra	*wenn das Wetter gut ist*
När bilen kom, var vi ute.	*Als das Auto kam, waren wir draußen.*

b) Zusammengesetzte Konjunktionen:

ehuru	*inwiefern*	huruvida	*inwieweit*
emedan	*während*	såvida	*soweit*

Sie gehören vor allem dem Kanzleistil an; die folgenden sind auch in der gesprochenen Sprache gebräuchlich:

förrän	*bevor*	eftersom	*nachdem*

Der är fråga om **huruvida** han kan åta sig uppdraget.	*Es ist die Frage, inwieweit er sich des Auftrages annehmen kann.*
Eftersom du inte vill lyda råd, får du göra som du vill.	*Nachdem du keinen Rat annehmen willst, kannst du machen, wie du willst.*

c) Mehrwortige Konjunktionen, die meist mit *att* oder *som* verbunden vorkommen:

för att	*um zu*	på grund av att	*dadurch, dass*
så att	*so dass*	utan att	*ohne dass*
så ... att	*so ... dass*	trots att	*obgleich*

Sie sind im Allgemeinen aus der Bedeutung ihrer Teile zu verstehen.

Många olyckor har hänt **till följd av** att folk kör för fort.	*Viele Unfälle sind geschehen, weil* (wörtl.: *als Folge davon, dass) die Leute zu schnell fahren.*
Hon gick **utan att** vi kunde göra något.	*Sie ging, ohne dass wir etwas tun konnten.*

Nebenordnende Konjunktionen

Nebenordnende Konjunktionen verbinden Wörter, Wortgruppen, Nebensätze oder Hauptsätze miteinander.

Eva **och** Lena går på bio.	*Eva und Lena gehen ins Kino.*
Vi är försenade, **men** vi hinner nog ändå.	*Wir sind verspätet, aber wir schaffen es wohl doch noch.*

Ihrer Form nach kann man sie in zwei Gruppen einteilen:

a) Einfache Konjunktionen:

och	*und*	fast	*doch*
samt	*samt*	utan	*sondern*
eller	*oder*	ty	*denn*
men	*aber*	för	*denn*

Einige dieser Wörter können auch andere Funktion haben, z. B. als Adverb oder Präposition.

Vill du ha en tusenlapp **eller** 10 hundralappar?	*Willst du einen Tausender oder 10 Hunderter haben?*
Jag får nog gå på banken, **för** mina svenska pengar har tagit slut.	*Ich muss wohl zur Bank gehen, denn mein schwedisches Geld ist alle.*

Besonderheit von och:
Mit der Konjunktion och kann man – meist in der Antwort auf eine Frage – zwei gleiche Wörter oder Satzteile verbinden, um einen Vorbehalt oder eine geteilte Meinung auszudrücken, in etwa mit der Bedeutung *es kommt darauf an, wie man es nimmt.*

Var det roligt?	*War es lustig?*
Roligt och roligt.	*Kommt ganz darauf an, wie man es sieht.*
Jobbar han nu?	*Arbeitet er jetzt?*
Tja, jobbar och jobbar.	*Naja, wenn man das Arbeit nennen kann.*

b) Doppelte Konjunktionen, d. h. solche, die aus zwei oder mehreren getrennt stehenden Wörtern bestehen:

både ... och	*sowohl ... als auch*
vare sig ... eller	*sei es ... oder*
inte bara ..., utan också	*nicht nur ..., sondern auch*
såväl ... som	*sowohl ... als auch*
visserligen ..., men	*zwar ..., aber*
Visserligen finns det billigare träskor, men de kan inte jämföras i kvalitet.	*Zwar gibt es billigere Holzschuhe, aber die sind in der Qualität nicht zu vergleichen.*
Inte bara priserna har stigit, utan också lönerna.	*Nicht nur die Preise sind gestiegen, sondern auch die Löhne.*

Übersicht über die gebräuchlichsten Konjunktionen nach ihrer Bedeutung

nebenordnend		unterordnend	
anreihend (kopulativ)			
och	*und*		
samt	*samt*		
som	*wie*		
ock(så)	*desgleichen*		
även	*auch*		
därtill	*daneben*		
dessutom	*außerdem, ferner*		
dels ... dels	*teils ... teils*		
än ... än	*bald ... bald*		
både ... och	*sowohl ... als auch*		
såväl ... som	*sowohl ... als auch*		
inte bara ... utan också	*nicht nur ..., sondern auch*		
ausschließend (disjunktiv)			
eller	*oder*		
antingen ... eller	*entweder ... oder*		
varken ... eller	*weder ... noch*		
vare sig eller	*weder ... noch*		
allgemein einleitend			
		att	*dass*
indirekte Fragesätze einleitend			
		om	*ob*
entgegenstellend (adversativ)			
men	*aber, nur*	medan	*während*
utan	*sondern*	medan däremot	*während indessen*
däremot	*dagegen, vielmehr*	i stället för att	*statt dass*
ändå	*dennoch*		
emellertid	*indessen*		
inte ... utan	*nicht ... sondern*		
(än)dock	*(je)doch*		
snarare	*vielmehr*		
icke desto mindre	*nichts destoweniger*		
bedingend (konditional)			
annars	*sonst, anderenfalls*	om	*wenn*
		bara	*wenn nur*
		i fall (att)	*falls*
		såvida	*sofern*

nebenordnend		unterordnend	
begründend (kausal)			
ty	*denn*	eftersom	*da ja*
för	*denn*	(där)för att	*weil*
nämligen	*nämlich*	då	*da*
ju	*da, doch*	emedan	*weil, da*
		som	*da, zumal*
zeitlich (temporal)			
		när	*wenn, als*
		då	*als*
		tills	*bis*
		förrän	*bevor*
		innan	*ehe*
		medan	*während*
		sedan	*seit(dem)*
folgernd (konsekutiv)			
(allt)så	*also*	så att	*sodass*
därför	*daher, deshalb*	så ... att	*so ... dass*
således	*demnach*	för ... att	*zu ... dass*
följaktligen	*folglich*		
för den skull	*deswegen*		
på grund härav	*deshalb*		
zweckanzeigend (final)			
därför	*darum*	för att	*damit*
		så att	*dass*
einräumend (konzessiv)			
fast	*sonst, andernfalls*	fast(än)	*obwohl, obschon*
visserligen ...	*zwar ... aber*	trots att	*obwohl*
men		även om	*wenn auch*
		ehuru	*wiewohl*
Art und Weise angebend (modal)			
		i det att	*indem*
Mittel angebend (instrumental)			
därmed	*damit*	i det att	*indem*
därigenom (att)	*dadurch (dass)*	utan att	*ohne zu*
vergleichend (komparativ)			
som	*wie*		
einschränkend (restriktiv)			
såvida	*sofern*	huruvida	*inwieweit*
såvitt	*soweit*	såtillvida som	*insoweit als*

11 Satzbau

Satzglieder

Wörter und Wortgruppen werden nach ihrer Funktion im Satz eingeteilt.

Subjekt (Satzgegenstand)

Das Subjekt antwortet auf die Frage WER? oder WAS? und kann sein

ein Substantiv	**Eva** kör bil.	*Eva fährt Auto.*
ein Pronomen	**Hon** kör bil.	*Sie fährt Auto.*
ein Satz (Subjektsatz)	Det är möjligt **att hon kör bil.**	*Es ist möglich, dass sie Auto fährt.*

Prädikat (Satzaussage)

Das Prädikat enthält immer ein finites Verb, also eine Verbform mit Personalendung (finite Formen ▶ Seite 68). Es kann aus einer finiten Form allein bestehen.

finite Form	**Jag vet** ingenting.	*Ich weiß nichts.*

Es kann aus einer finiten Form und einer oder mehreren infiniten Formen bestehen (infinite Formen ▶ Seite 68).

finite + 1 infinite Form	Du **måste veta** det.	*Du musst es wissen.*
finite + mehrere infinite Formen	Jag **skulle vilja ha** ett par träskor.	*Ich hätte gerne ein Paar Holzschuhe.*

Es kann aus der Kopula (Satzband: sein, werden usw.) und einem Prädikativum (Prädikatsergänzung) bestehen.

Kopula + Prädikativum	Eva **är tandläkare.** Jag **var trött.**	*Eva ist Zahnärztin.* *Ich war müde.*

Objekt (Ergänzung)

Das Objekt ist eine Ergänzung zum Verb. Ein Teil der Verben steht ohne Ergänzung, ein Teil der Verben muss oder kann eine oder mehrere Ergänzungen haben. Als Ergänzung kann stehen ein

Substantiv	Jag läser **en bok.** Jag ser en **flicka.**	*Ich lese ein Buch* *Ich sehe ein Mädchen.*	WEN oder WAS?
Pronomen	Jag läser **den.** Jag tvättar **mig.**	*Ich lese es.* *Ich wasche mich.*	WAS? WEN?
Ausdruck mit Präposition	Jag svarade **på brevet.**	*Ich antwortete auf den Brief.*	AUF WAS?

Adverbiale Bestimmungen (Umstandsbestimmungen)

Adverbiale Bestimmungen sind Angaben der Zeit, des Ortes, der Art und Weise oder des Grundes.

Zeit	**I går** köpte vi en bok.	*Gestern kauften wir ein Buch.*	WANN?
Ort	Vi köpte frimärken **på posten.**	*Wir kauften Briefmarken auf der Post.*	WO?
Art und Weise	Vi kom hit **med tåg.**	*Wir kamen mit dem Zug hierher.*	WIE?
Grund	Vi kom hit **med anledningen av bröllopet.**	*Wir kamen anlässlich der Hochzeit hierher.*	WARUM?

Attribut (Beifügung)

Das Attribut ist eine nähere Bestimmung zu einem Substantiv, Adjektiv, Partizip oder Pronomen. Attribute gehören zu dem Wort, das sie bestimmen, und bilden mit ihm zusammen ein Satzglied. Attribute sind Adjektive, Substantive im Genitiv, präpositionale Ausdrücke oder Adverbien, zum Beispiel:

Vaters	*Haus*	*ist*	*alt.*
Fars	hus	är	gammalt.
Genitivattribut			
Subjekt		Prädikat	

Wir	*kauften*	*ein*	*spannendes*	*Buch.*
Vi	köpte	en	spännande	bok.
			attributives Adjektiv	
Subjekt	Prädikat	Objekt		

Die Hervorhebung durch Umschreibung mit det är ...

In der gesprochenen Sprache kann eine Hervorhebung einzelner Satzglieder zwar durch die Satzbetonung zum Ausdruck gebracht werden, häufig werden Satzglieder jedoch durch eine Umschreibung hervorgehoben. Dabei steht det är/var + das Satzglied, das betont werden soll, + ein Relativsatz, der die Aussage über das hervorgehobene Satzglied enthält. Ist das hervorgehobene Satzglied das Subjekt des Satzes, so muss der Relativsatz mit som eingeleitet werden. Ist das hervorgehobene Wort ein anderes Satzglied, kann som auch fehlen.

Hon gör det. *Sie tut es.*	**Det är** hon **som** gör det.
Hon läste tidningen. *Sie las die Zeitung.*	**Det var** tidningen (**som**) hon läste.
Hon ska komma i morgon. *Sie kommt morgen.*	**Det är** i morgon (**som**) hon ska komma.

Auf dieselbe Weise können Satzglieder auch in der Frage hervorgehoben werden.

Gör hon det? *Tut sie das?*	**Är det** hon **som** gör det?
Läste hon tidningen? *Las sie die Zeitung?*	**Var det** tidningen (**som**) hon läste?
Ska hon komma i morgon? *Kommt sie morgen?*	**Är det** i morgon (**som**) hon kommer?

Wortstellung von Subjekt und Prädikat

Das Schwedische hat ziemlich feste Regeln für die Wortstellung im Satz, dabei ist zwischen Haupt- und Nebensatz zu unterscheiden. Hauptsätze (HS) sind selbstständige Sätze, sie können allein stehen. Nebensätze (NS) sind in der Regel abhängig von einem Hauptsatz. In der gesprochenen Sprache kommen allerdings häufig Nebensätze allein vor, z.B.

Om du bara visste!	*Wenn du nur wüsstest!*

Hauptsätze

Hauptsätze können sein:

a) eine Aussage, eine Behauptung:

Vi bor i Sverige.	*Wir wohnen in Schweden.*

b) eine Frage:

Bor ni också i Sverige?	*Wohnt ihr auch in Schweden?*

c) eine Aufforderung, ein Befehl:

Skynda dig!	*Beeil dich!*

Aussagesatz

Bei der regelmäßigen Wortstellung im Aussagesatz steht das Subjekt vor dem Prädikat, d.h. das Verb steht als zweites Satzglied im Satz.

Subjekt	**Prädikat (2. Stelle)**	**Objekt**
Barnet	äter	ett äpple.
Das Kind	*isst*	*einen Apfel.*

Wenn der Hauptsatz nicht mit dem Subjekt, sondern mit einem anderen Satzglied beginnt, so bleibt der finite Teil des Prädikats (die gebeugte Verbform) wie im Deutschen an zweiter Stelle im Satz. Das Subjekt steht dann unmittelbar nach dem finiten Verb, bei zusammengesetzten Prädikaten also zwischen der finiten und den infiniten Formen (umgekehrte Wortstellung oder Inversion). Zur Abfolge der Objekte und adverbialen Bestimmungen ▶ Seite 100 ff.).

adverbiale Best.	**Prädikat (2. Stelle)**	**Subjekt**		**Objekt**	
I morgon	äter	vi		fisk.	
Morgen	*essen*	*wir*		*Fisch.*	
I morgon	ska	vi	äta	fisk.	
Morgen	*werden*	*wir*		*Fisch*	*essen.*

Adverbiale Bestimmungen der Zeit stehen häufig am Satzanfang, Bestimmungen des Ortes oder der Art und Weise stehen ebenso wie das Objekt nur dann am Satzanfang, wenn sie besonders betont werden sollen oder im Gegensatz zu etwas anderem stehen.

Objekt	Prädikat (2. Stelle)	Subjekt	adv. Best.
Fisken	äter	vi	i köket.
Den Fisch	*essen*	*wir*	*in der Küche* (aber den Kuchen nicht).

Bei Nebensatz oder direkter Rede als Objekt am Satzanfang tritt wie im Deutschen umgekehrte Wortstellung ein.

Objekt(satz)	Prädikat (2. Stelle)	Subjekt
När klockan var fem	gick	jag.
Als es fünf Uhr war,	*ging*	*ich.*
Klockan är fem,	sade	jag.
Es ist fünf,	*sagte*	*ich.*

Fragesatz

Im Fragesatz steht gewöhnlich die umgekehrte Wortstellung.

	Kommer du?		Ska du komma?
	Kommst du?		*Wirst du kommen?*
När	kommer du?	När	ska du komma?
Wann	*kommst du?*	*Wann*	*wirst du kommen?*

Wenn die Frage jedoch mit einem Fragewort beginnt, das gleichzeitig Subjekt des Fragesatzes ist, steht die regelmäßige Wortstellung.

Fragewort = Subjekt	Prädikat (2. Stelle)	adv. Bestimmung
Vem	kommer	senare?
Wer	*kommt*	*später?*

Ist das Fragewort nicht gleichzeitig Subjekt, steht wie im Hauptsatz die umgekehrte Wortstellung, damit das finite Verb an der 2. Stelle im Satz bleibt.

Fragewort ≠ Subjekt	fin. Verb (2. Stelle)	Subjekt	inf. Verb
Vad	gör	du?	
Was	*machst*	*du?*	
Vad	ska	du	göra?
Was	*wirst*	*du*	*tun?*

Befehlssatz

Ein Befehlssatz hat selten ein eigens ausgedrücktes Subjekt. Wenn das Subjekt doch ausdrücklich genannt ist, steht es hinter dem Prädikat.

Prädikat	Subjekt	Objekt	adverbiale Bestimmung
Kom			hit!
Komm			*hierher!*
Sätt		dig	på stolen!
Setz		*dich*	*auf den Stuhl!*
Sätt	du	dig	på stolen!
Setz	*du*	*dich*	*auf den Stuhl!*

Nebensätze

Nebensätze haben im Allgemeinen die Funktion, den Hauptsatz näher zu bestimmen und weitere Informationen über die Aussage des Hauptsatzes zu geben. Der Nebensatz hat dieselbe Wortstellung wie der Hauptsatz. Anders als im Deutschen wandert das Prädikat nicht ans Satzende, wenn der Nebensatz noch weitere Satzglieder enthält.

	Subjekt		Prädikat	adverbiale Bestimmung
	Lena		kom	hem.
	Lena		*kam*	*nach Hause.*
Jag gick när	Lena		kom	hem.
Ich ging, als	*Lena*	*nach Hause*	*kam.*	
Boken som	jag		läste	i går
Das Buch, das	*ich*	*gestern*	*las,*	

Stellung der Adverbien im Satz

Viele Adverbien stehen wie im Deutschen an verschiedener Stelle in Haupt- und Nebensätzen. Sie heißen deshalb bewegliche oder *wandernde* Adverbien. Im Hauptsatz stehen sie nach dem ersten Verb im Satz, im Nebensatz stehen sie vor dem ersten Verb, also zwischen Subjekt und Prädikat. Bei den beweglichen Adverbien handelt es sich im Allgemeinen um Satzadverbien, also adverbiale Bestimmungen zum ganzen Satz, nicht zu einem einzelnen Wort.

HS	Han **kommer kanske** med på sammanträdet.	
	Er kommt vielleicht mit zur Sitzung.	
NS	Lars sade att han **kanske kommer** med på sammanträdet.	
	Lars sagte, dass er vielleicht mit zur Sitzung kommt.	

Die wichtigsten beweglichen Adverbien

absolut	absolut
aldrig	nie
alltid	immer
alltså	also
antagligen	wahrscheinlich
bara	nur
egentligen	eigentlich
ej	nicht
endast	nur
faktiskt	tatsächlich
förmodligen	vermutlich
givetvis	selbstverständlich
gärna, hellre, helst	gerne, lieber, am liebsten
i själva verket	in Wirklichkeit
icke, inte	nicht
ingalunda	keinesfalls
ju	ja, doch
kanske, kanhända	vielleicht
knappast, knappt	kaum
möjligen, möjligtvis	möglicherweise
naturligtvis	natürlich
nog	wohl, wahrscheinlich
ogärna	ungern
sannolikt	wahrscheinlich
således	solchermaßen
säkert	sicher
slutligen	schließlich
troligen, troligtvis	wahrscheinlich, vermutlich
tydligen	deutlich
vanligen, vanligtvis	gewöhnlich(erweise)
verkligen	wirklich
väl	wohl, vermutlich
åter	wieder
åtminstone	wenigstens

Manche Adverbien sind bisweilen beweglich, bisweilen behalten sie ihre Hauptsatzstellung auch im Nebensatz bei. Sie sind dann besonders hervorgehoben. Im Deutschen drückt sich dieser Unterschied durch unterschiedliche Betonung aus.

HS		Hon	kör	ofta	bil.
		Sie	*fährt*	*oft*	*Auto.*
NS	Hon talade om att	hon	ofta	kör	bil.
	Sie sprach davon, dass	*sie oft 'Auto fährt.*			
Aber	Hon talade om att	hon	kör	ofta	bil.
	Sie sprach davon, dass	*sie 'oft Auto fährt.*			

Weitere Beispiele für Stellung des Adverbs und unterschiedlicher Betonung:

Jag vill gärna åka, om han inte följer med.	*Ich will gerne fahren, wenn er nicht 'mitfährt.*
Jag vill gärna åka, om inte han följer med.	*Ich will gerne fahren, wenn 'er nicht mitfährt.*

Wenn inte und ein anderes der beweglichen Adverbien im selben Satz vorkommen, so steht wie im Deutschen inte nach, wenn es durch das Adverb näher bestimmt wird. Wenn inte die Verneinung des Adverbs ist, steht inte vor.

kanske inte	*vielleicht nicht*
naturligtvis inte	*natürlich nicht*
inte ofta	*nicht oft*
inte bara	*nicht nur*

Vergleich der Stellung im Haupt- und Nebensatz

HS			Hon	följer	inte	ofta		med.
			Sie	*kommt*	*nicht*	*oft*		*mit.*
			Hon	följer	ofta	inte		med.
			Sie	*kommt*	*oft*	*nicht*		*mit.*
NS	Du vet	att	hon		inte	ofta	följer med.	
	Du weißt,	*dass*	*sie*		*nicht*	*oft*	*mitkommt.*	
	Du vet	att	hon		ofta	inte	följer med.	
	Du weißt,	*dass*	*sie*		*oft*	*nicht*	*mitkommt.*	

Die wichtigsten bisweilen beweglichen Adverbien

dagligen	täglich
egentligen	eigentlich
förr, förrut	früher, einst
härom dagen	dieser Tage
långsamt	langsam
länge	lange
också	auch
ofta	oft
nu	jetzt
sent	spät
snabbt	schnell
strax(t)	sofort
ständigt	ständig
så småningom	allmählich
sällan	selten
särskilt	besonders
tidigare	früher
till och med	auch, sogar
till sist, till slut	schließlich, zuletzt
till stor del	zum großen Teil
tyvärr	leider
över huvud taget	überhaupt

Die wichtigsten Unterschiede zum Deutschen in der Wortstellung

Während im Deutschen Verbzusätze, Prädikativa, Präpositionalobjekte und der infinite Teil des mehrteiligen Prädikats im Hauptsatz immer am Ende stehen, können diese Wörter oder Satzglieder im Schwedischen höchstens durch ein Adverb vom finiten Verb getrennt stehen.

a) Verbzusätze

Jag	kände		igen	henne		genast.	
ich	*erkannte*		*wieder*	*sie*		*sofort*	
Ich	*erkannte*			*sie*		*sofort*	*wieder.*
Jag	kände	inte	igen	henne		genast.	
ich	*erkannte*	*nicht*	*wieder*	*sie*		*sofort*	
Ich	*erkannte*			*sie*	*nicht*	*sofort*	*wieder.*

b) Prädikativum

Jag	är		sjuk	sedan	i söndags.		
ich	*bin*		*krank*	*seit*	*Sonntag*		
Ich	*bin*			*seit*	*Sonntag*		*krank.*
Jag	är	ganska	sjuk	sedan	i söndags.		
ich	*bin*	*ziemlich*	*krank*	*seit*	*Sonntag*		
Ich	*bin*			*seit*	*Sonntag*	*ziemlich*	*krank.*

c) Präpositionalobjekt

Vi	talade		om dig	på festen		
wir	*sprachen*		*über dich*	*auf dem Fest*		
Wir	*sprachen*			*auf dem Fest*		*über dich.*
Vi	talar	ofta	om dig	på fester.		
wir	*sprechen*	*oft*	*über dich*	*auf Festen*		
Wir	*sprechen*			*auf Festen*	*oft*	*über dich.*

d) mehrteilige Prädikate

Perfekt

Jag	har	sett	filmen.	
ich	*habe*	*gesehen*	*den Film*	
Ich	*habe*		*den Film*	*gesehen.*

Plusquamperfekt

Jag	hade	inte sett	filmen.	
ich	*hatte*	*nicht gesehen*	*den Film*	
Ich	*hatte*		*den Film*	*nicht gesehen.*

Futur

Jag	ska	se	filmen.	
ich	*werde*	*sehen*	*den Film*	
Ich	*werde*		*den Film*	*sehen.*

Präteritum Passiv

Filmen	blev	sedd	av många.	
der Film	*wurde*	*gesehen*	*von vielen*	
Der Film	*wurde*		*von vielen*	*gesehen.*

Modalverb + Vollverb

Du	måste		se	filmen.		
du	*musst*		*sehen*	*den Film*		
Du	*musst*			*den Film*		*sehen.*
Du	måste	snart	se	filmen.		
du	*musst*	*bald*	*sehen*	*den Film.*		
Du	*musst*			*den Film*	*bald*	*sehen.*

Aus den Sätzen unter a) – d) können im Schwedischen Nebensätze gebildet werden, ohne dass sich etwas an der Wortstellung ändert (▶ aber Seite 100 ff. zur Stellung der beweglichen Adverbien im Nebensatz). Im Deutschen dagegen bildet im Allgemeinen das finite Verb den Abschluss des Nebensatzes.

Du vet att	jag	var	sjuk	sedan	i söndags.		
du weißt, dass	*ich*	*war*	*krank*	*seit*	*Sonntag*		
Du weißt, dass	*ich*			*seit*	*Sonntag*	*krank*	*war.*

Die Abfolge der Objekte und adverbialen Bestimmungen im Satz

Hauptsatz

In Sätzen mit nur einem Objekt und einer adverbialen Bestimmung steht das Objekt vor der adverbialen Bestimmung.

Subjekt	**Prädikat**	**Objekt**	**adv. Best.**
Vi	åt	fisk	i söndags
wir	*aßen*	*Fisch*	*letzten Sonntag.*
Wir aßen letzten Sonntag Fisch.			
Vi	ska se	filmen	i Stockholm.
wir	*werden sehen*	*den Film*	*in Stockholm*
Wir werden den Film in Stockholm sehen.			
Vi	har läst	boken	med intresse.
wir	*haben gelesen*	*das Buch*	*mit Interesse*
Wir haben das Buch mit Interesse gelesen.			

Enthält ein Satz eine abverbiale Bestimmung der Zeit und eine adverbiale Bestimmung des Ortes, so steht, gerade umgekehrt wie im Deutschen, die Bestimmung der Zeit nach der Bestimmung des Ortes.

Vi	besökte	Lena	i Malmö	i går.
wir	*besuchten*	*Lena*	*in Malmö*	*gestern*
Wir besuchten Lena gestern in Malmö.				

Nur wenn die Bestimmung des Ortes sehr lang ist, kann man die Bestimmung der Zeit vorstellen.

Vi träffade varandra i somras på ett ganska dyrt konditori.
Wir trafen uns letzten Sommer in einer ziemlich teuren Konditorei.

In bestimmten Fällen können die adverbialen Bestimmungen auch am Anfang des Satzes stehen, ▶ dazu Seite 98.

Enthält ein Satz ein direktes Objekt (WEN oder WAS?) und ein indirektes Objekt (WEM?), so steht das indirekte Objekt vor dem direkten Objekt.

Subjekt	Prädikat	ind. Obj.	dir. Obj.	adv. Best.
Vi	ska ge	Lena	nyckeln	i morgon.
wir	*werden geben*	*Lena*	*den Schlüssel*	*morgen*
Wir werden Lena morgen den Schlüssel geben.				
Vi	gav	henne	nyckeln	i går.
wir	*gaben*	*ihr*	*den Schlüssel*	*gestern*
Wir gaben ihr gestern den Schlüssel.				

Das Präpositionalobjekt steht immer nach dem direkten Objekt.

Subjekt	Prädikat	dir. Obj.	Präp. Obj.	adv. Best.
Vi	ska ge	nyckeln	till Lena	i morgon.
wir	*werden geben*	*den Schlüssel*	*an Lena*	*morgen*
Wir werden Lena morgen den Schlüssel geben.				
Vi	ska ge	nyckeln	till henne	i morgon.
wir	*werden geben*	*den Schlüssel*	*an sie*	*morgen*
Wir werden ihr morgen den Schlüssel geben.				

Wenn der Satz ein bewegliches Adverb (▶ 100 ff.) enthält, hat er folgenden Aufbau:

Subjekt	**Präd. finiter Teil**	**bew. Adv.**	**Präd. inf. Teil**	**Objekt**	**adv. Best.**
Vi	äter	alltid		fisk	på söndagarna.
wir	*essen*	*immer*		*Fisch*	*sonntags*
Wir essen sonntags immer Fisch.					
Vi	vill	inte	äta	fisk	varje dag.
wir	*wollen*	*nicht*	*essen*	*Fisch*	*jeden Tag*
Wir wollen nicht jeden Tag Fisch essen.					

Nebensatz

Die Abfolge der Objekte und adverbialen Bestimmungen im Nebensatz ist dieselbe wie im Hauptsatz, ▶ aber Seite 100 ff. zur Stellung der beweglichen Adverbien.

Hon undrar om ...
Sie will wissen, ob ...

Subjekt	**Prädikat**	**dir. Obj.**	**Prä. Obj.**	**adv. Best.**
vi	ska ge	nyckeln	till Lena	i morgon.
wir	*werden geben*	*den Schlüssel*	*an Lena*	*morgen*
... wir Lena morgen den Schlüssel geben werden.				

Hon undrar om ...
Sie will wissen, ob ...

Subjekt	**bew. Adv.**	**Prädikat**	**Objekt**	**adv. Best.**
vi	alltid	äter	fisk	på söndagarna.
wir	*immer*	*essen*	*Fisch*	*sonntags*
... wir sonntags immer Fisch essen.				

Satzgefüge

Ein Satz kann zum Satzglied in einem anderen Satz werden. Einen Satz, der in einem anderen Satz Satzglied ist, nennt man untergeordneten Satz oder Nebensatz. Den Satz, in dem ein anderer Satz Satzglied ist, nennt man übergeordneten Satz oder Hauptsatz; das Ganze heißt Satzgefüge. Man kann Nebensätze danach einteilen, welches Satzglied sie im übergeordneten Satz ersetzen.

Subjektsätze

Subjektsätze sind meist eigentliches Subjekt eines unpersönlichen Ausdrucks.

Det är självklart att vi ska göra det.	*Es ist selbstverständlich, dass wir das machen.*
Att vi ska göra det är klart.	*Dass wir das machen (werden), ist klar.*

Objektsätze

Der Nebensatz ersetzt ein Objekt.

Du vet **det.**	*Du weißt es.*
Du vet **att vi väntar på dig.**	*Du weißt, dass wir auf dich warten.*
Jag sade **det.**	*Ich sagte es.*
Jag sade **att du skulle vänta.**	*Ich sagte, dass du warten sollst.*

Adverbialsätze

Der Nebensatz ersetzt eine adverbiale Bestimmung.

Jag gick **vid tiotiden.**	*Ich ging gegen zehn.*
Jag gick **när klockan var tio.**	*Ich ging, als es zehn war.*
Hon stannade hemma **på grund av vädret.**	*Sie blieb wegen des Wetters zu Hause.*
Hon stannade hemma **eftersom vädret var för dåligt.**	*Sie blieb zu Hause, weil das Wetter zu schlecht war.*

Attributsätze

Attributsätze sind Bestimmungen zu einem Substantiv oder Pronomen. Attributsätze sind häufig Relativsätze.

Huset **som vi bor i** är grönt.	*Das Haus, in dem wir wohnen, ist grün.*

Einteilung der Nebensätze nach Bedeutung

Nebensätze können auch nach ihrer Bedeutung im Satzgefüge eingeteilt werden. Die Bedeutung erhalten sie aus der einleitenden Konjunktion (zur Bedeutung der Konjunktionen ▶ Seite 93 ff.).

Allgemeine Nebensätze und die indirekte Rede werden mit att eingeleitet.

Du vet att jag inte kan komma. Du sade att du inte har tid.	*Du weißt, dass ich nicht kommen kann.* *Du hast gesagt, dass du keine Zeit hast.*

Temporalsätze geben einen Zeitzusammenhang an.

När jag kom hem var de andra redan där.	*Als ich nach Hause kam, waren die anderen bereits da.*

Kausalsätze geben einen ursächlichen Zusammenhang an.

Vi stannade hemma eftersom det började regna.	*Wir blieben zu Hause, weil es zu regnen anfing.*

Konditionalsätze geben eine Bedingung an.

Om värken inte ger sig måste jag gå till läkaren.	*Wenn der Schmerz nicht nachlässt, muss ich zum Arzt gehen.*

Konzessivsätze räumen etwas ein.

Jag kommer fastän jag inte har det så bra.	*Ich komme, obwohl es mir nicht so gut geht.*

Finalsätze geben einen Zweck an.

Jag väntade på dig för att vi skulle kunna gå tillsammans.	*Ich habe auf dich gewartet, damit wir zusammen gehen können.*

Konsekutivsätze geben die Folge einer Handlung an.

Hon arbetar så mycket att hon säkert kan nå det vid tretiden.	*Sie arbeitet so viel, dass sie es sicher bis drei Uhr schaffen kann.*

Komparativsätze vergleichen etwas miteinander.

Eva vet mycket mera än hon vil medge.	*Eva weiß viel mehr, als sie zugeben will.*

Interrogativsätze oder indirekte Fragesätze geben an, wonach gefragt wird.

Jag ska fråga henne om hon vil följa med. Jag vet inte var de bor.	*Ich werde sie fragen, ob sie mitkommen möchte.* *Ich weiß nicht, wo sie wohnen.*

Register